SURUGADAI-SHUPPANSHA

L'Avenir de notre planète

— 8 leçons sur l'Environnement et la Nature

avec traduction et génération de texte assistées par l'IA

Mitsuru OHKI
Hirofumi ANDO
Kumiko ISHIMARU
Kaori SUGIYAMA
Katsuyoshi TAKAHASHI
Akiko HASEGAWA
Shinya HORI
Mitsuko YANAGI
Jean-François GRAZIANI

装幀・デザイン： dice

は じ め に

なぜ気候変動について考えるのか

　みなさんにはいま，地球規模で考えることが求められています．人口，食料，エネルギー，戦争など，さまざまなグローバルイシュー（地球規模の課題）がありますが，この教科書では気候変動を扱います．気候変動は，環境活動家グレタ・トゥンベリさんの訴えからもわかるように，また国連の 17 の SDGs「持続可能な開発目標」が示す通り，近年の悪化が著しい深刻な問題，みなさんの将来に関わる喫緊の課題です．しかし，同じ問題でも，諸外国と日本とでは扱われかたが異なっています．たとえばフランスでは，気候変動に関するニュースがかなり頻繁に報道されているのに対し，日本ではそれほどでもありませんね．果たしてそれは，日本がフランスほど気候変動の影響を受けていないからなのでしょうか．

なぜ翻訳 AI・生成 AI をうまく使いこなす必要があるのか

　さまざまなグローバルイシューは，日本語の報道に頼っているだけでは，内容を正しく理解できないだけでなく，その重要性も正確に判断することができません．バイアスがかかったものの見方をしてしまう危険性があるのです．それを避けて**情報を相対化する**ために，フランスから発信された報道に接したり，フランス語で書かれた文章を読んだりすることは，きわめて有効な手段となるでしょう．しかし，私たちがこれを実践するには，限界があります．外国語を読みこなす時間と労力が必要なので，正しい理解，判断のために十分な量の情報に接することができないからです．このような場合に，瞬時にフランス語を日本語に翻訳してくれる翻訳 AI・生成 AI は，私たちの強い味方となります．それだけでなく，私たちの考えをフランス語で世界に発信する手助けもしてくれるでしょう．いわば，**翻訳 AI・生成 AI は，実力以上のフランス語力を発揮するためのパワースーツ**．フランス語の基礎を学んだばかりのみなさんも，翻訳 AI・生成 AI のおかげで複雑なコミュニケーションをフランス語でできるようになり，SDGs を達成するために，微力なりとも世界レベルでの貢献ができるのです．「私たちの未来が危ない．グレタにつづけ！」

それでも，なぜ語彙力，文法の知識が必要なのか

　AI による翻訳は，かならずしも 100 パーセント完璧な翻訳ではありません．点検が必須，ときには手直しも必要で，それには語彙力と文法の知識が求められます．手直しが不要なほど優れた翻訳の場合も，完璧かどうかの判断には，語彙力と文法の知識が必要．生成 AI とのチャットにも語彙力と文法の知識が必要．この教科書は，気候変動の問題に関する理解を深めつつ，翻訳 AI・生成 AIを使いこなす力と，どれほど AI が進化しても不要にはならないフランス語の語彙力と文法の知識を，同時に修得できるよう工夫されています．慣れない作業も多いと思いますが，ぜひ新たなチャレンジとして取り組み，楽しんでください．

編著者

目　次

Leçon 1　現在分詞の 3 つの用法
　　　　　1. 形容詞的用法　2. ジェロンディフ　3. 分詞構文

Leçon 2　直説法単純未来　直説法前未来

Leçon 3　中性代名詞 le の 2 つの用法

Leçon 4　1. 受動態　2. 受動的な意味を表す文

Leçon 5　条件法現在

Leçon 6　過去分詞の形容詞的用法

Leçon 7　接続詞・接続語

Leçon 8　接続法

＊フランス語は，すべて Jean-François Graziani が点検し，必要に応じて加筆修正した．

・・・・・・・・・・・・・・・・・・・・・・・

各課写真説明：

Leçon 1
北極の海氷が減少し，生存が脅かされているホッキョクグマ（シロクマ）

Leçon 2
雪が降り積もった季節外れに咲いたヒマワリ

Leçon 3
記録的な集中豪雨に見舞われ川のようになった道路

Leçon 4
農地や工業用地への転換，木材の輸出などの商業目的で破壊される森林

Leçon 5
絶滅危惧種に指定されているセンザンコウ

Leçon 6
今もなお行われている石炭など化石燃料の採掘

Leçon 7
温室効果ガスの主要な排出源であるために大幅な削減が求められている石油生産

Leçon 8
地球温暖化に対処するために品種や方法も転換を求められている農作物栽培

気候変動 ― その原因と影響

　つぎの図は，気候変動を中心にして，気候変動を起こす原因と気候変動による影響をあらわし，各課の内容がどこに対応しているかを示したものです．

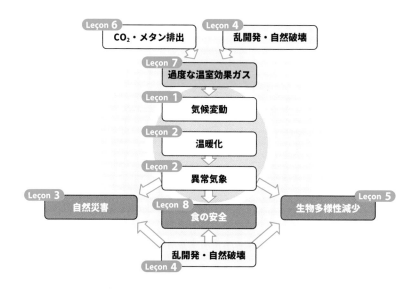

気候変動とは

　気候変動は，具体的には「温暖化」という形をとり気温上昇だけでなく，熱波，氷融解，海面上昇を引き起こします．さらに「温暖化」は間接的に干ばつや集中豪雨などの「異常気象」の原因になります．

その原因

　気候変動の原因は，「過度な温室効果ガス」による地球「温暖化」ですが，温室効果ガスが過度になる直接の原因は，人間や家畜による「CO_2・メタン排出」と人間による「乱開発・自然破壊」です．発電，商品生産，移動・輸送に使う化石燃料による CO_2 排出は，温室効果ガスを必要以上に増やし地球「温暖化」の主な原因になります．現在，節電，省エネに加えてさまざまな再生可能エネルギーへの切り替えが急速に進められています．

その影響

　気候変動は，上に述べたような悪影響を自然界に及ぼすだけでなく，山火事，洪水の頻発化，台風の強大化などの「自然災害」，「食の安全」と密接に関係している農作物の品質低下，さらに「生物多様性減少」の原因にもなっています．また，森林伐採などの「乱開発・自然破壊」も直接的に「自然災害」を引き起こしたり「食の安全」に影響を及ぼしたりするだけでなく，生態系にも影響をあたえて「生物多様性減少」の原因にもなっています．

翻訳 AI・生成 AI の使い方
── 手順と注意点 ──

◎ AI 翻訳の仕方

▌AI 翻訳のツール ▶

　よく使われている翻訳 AI の DeepL Translate, Google Translate はもちろん，生成 AI の ChatGPT でも AI 翻訳ができます．AI 翻訳のポイントは，ひとつの文章を必ず複数の翻訳 AI を使っておこなうことです．それは，複数の AI が翻訳したものを比較すれば，容易に不備や誤訳を見つけることができるからです．

＊生成 AI は，テキストだけでなく画像や音声も生成する AI を指すのですが，ChatGPT は対話 AI とか LLM（大規模言語モデル）と呼ばれることもあります．

▌基本的な手順 ▶

　AI 翻訳は，つぎの手順でおこないます．まず，できるだけ正確な結果が得られるよう準備することから始めます．そうして AI 翻訳されたものも，必ずしもいつも 100 パーセント正確とは限りません．正確に翻訳されているかどうか点検してみる必要があります．そして，必要に応じて手直しをしましょう．

▌それぞれの手順と注意点 ▶

Pre-edit

　AI 翻訳をする前に，以下の操作をして翻訳する文章を整えることを Pre-edit（プレエディット）と言います．

① 翻訳する文章を入力するときに，文（ワンセンテンス）の途中に余分なスペースが入らないようにする．不自然な改行にも注意！

② コピペしたフランス語の場合は，単語と単語の間にスペースがあるかどうかを確かめる．

③ 日本語をフランス語に翻訳するとき，文の主語や目的語が省略されている場合は，それを代名詞で書いて明確にする．この操作は不要なケースも多いが，AI 翻訳した結果に問題がある場合には，この操作をおこなうと改善されることがある．

Post-edit

　AI 翻訳をした後に，その翻訳を点検して，加筆修正することを Post-edit（ポストエディット）と言います．具体的にはつぎのような操作をします．

① 訳抜け，省略がないかを点検し，必要ならば加筆する．

② 誤訳されていないか点検し，必要ならば修正する．

① に関しては，一見過不足なく翻訳されているようでも，AI 翻訳にはときどき複数の文全体が訳されず，抜け落ちていたり，文の一部が訳されていなかったりすることがあるので要注意．問題がある場合は，再度文章全体かあるいは問題のある文のみを抜き出して AI 翻訳を試みると大抵の場合は，改善されます．② に関しては，もっともらしい翻訳は AI の得意とするところですから，発見することは ① より難しいでしょう．AI は精一杯，こちらの要求に応えようとしてくれているように感じられます．でも悪意のない善意にも人生いつも要注意！

Back-translation

たとえば日本語の文章をフランス語に翻訳したものを，もう一度もとの日本語に AI 翻訳することを Back-translation（バックトランスレーション）と言います．翻訳が正確に行われたかどうかを検証するための方法です．最初に入力した日本語の文章と同じような日本語に翻訳されていれば，一応正確にフランス語に翻訳されているとみなすことができます．

◎ チャットの仕方

ChatGPT などの生成 AI とチャットするときには，つぎの 3 点に注意してください．

① 生成 AI の回答は，長くなる傾向があります．そこで，たとえば「いまからフランス語でいくつか質問します」のあとに続けて，「どの質問にもフランス語でできるだけ短く答えてください」とか，「どの質問にも 100 語以内のフランス語で答えてください」などと，あらかじめ頼んでおきましょう．もちろんフランス語で頼んでも良いですね（80 ページ）．

② 生成 AI，たとえば ChatGPT の最初のページに明記されているように，生成 AI はときに間違った情報を生成することがあります．要注意！『「AI と Chat！Chat！」で使える表現』（80 ページ）の Chat レベル 3 で取り上げている「AI の発言に反応する」表現（87 ページ）を使って AI の回答が信頼できるものであるかどうかを確かめましょう．やっぱり，「悪意のない善意にも人生いつも要注意！」

③ 生成 AI とのチャットは，時間と場所を選ばずに気軽にフランス語でもおこなえるため，語学力を鍛えるうえでかなり有効です．決してそのための次善の策というわけでありません．しかし，生成 AI とのチャットは，生身の人間とのチャットとは別物です．チャットによってえられる喜び，満足感も違っています．機会があれば，生身の人間とのチャットにもぜひ挑戦してみてください．

◎ 点検と Post-edit するときの注意点

　AI の翻訳機能は，日進月歩で向上しています．やがて Post-edit の必要すらなくなるかもしれませんが，正しく翻訳されているかどうかの点検はそれでも必要です．AI の翻訳した文を点検し，Post-edit するときには，すでに述べた訳抜けの他につぎの点に注意しましょう．

1. 多義語の訳

　フランス語は，多義語の多い言語．複数の翻訳 AI の翻訳を比較し，異なっている場合は，どちらかが誤訳している可能性が高い．でも，明白な間違いだけでなく，2 番目の例のように前後の文脈を考慮しないとどちらが正しいのか判断ができない場合もある．

　L'enveloppe de deux millions et demi d'euros soulèvent de nombreuses questions.

　　× 250 万ユーロの**封筒**は、多くの疑問を投げかけている．
　　○ 250 万ユーロという**予算**は多くの疑問を投げかける．

　Ces invasions sont même la **première** cause connue d'extinctions d'espèces récentes.

　　こうした侵略は、近年の種の絶滅の**主な**原因として知られているほどである．
　　こうした侵略は、近年の種の絶滅の**最初の**原因として知られているほどである．

2. 熟語の訳

　熟語が原義のまま訳されていることがある．つぎの例文では，piédestal の原義は「台座」であるが，mettre sur un piédestal は熟語で「あがめる，賛美する」という意味になる．

　Lady, voilà une façon de la **mettre sur un piédestal**, parce que n'importe qui n'est pas une lady.

　　× 誰もがレディというわけではないので、「レディ」というのは彼女を**台座**に乗せるための一つの方法なのです．
　　○ 誰もがレディというわけではないので、「レディ」というのは彼女を**あがめる**一つの方法なのです．

3. 複雑な構造の文の訳

・目的語（節）1 つに複数の動詞

　つぎの例文では，que les invasions 〜 au niveau mondial は，dire, expliquer, écrire という 3 つの動詞の共通の目的語になっている．

　J'ai l'habitude de **dire** à mes étudiants, **expliquer** dans mes cours ou **écrire** dans mes travaux *que les invasions biologiques sont la seconde plus grande menace sur la biodiversité au niveau* *mondial.*

・先行詞 1 つに複数の関係（詞）節

つぎの例文では，des régions という 1 つの先行詞を où ells n'ont 〜と où ells s'implantent 〜という 2 つの関係節が修飾している．

des **régions** *où elles n'ont pas évolué,* et *où elles s'implantent, se propagent et créent des dégâts écologiques, sanitaires et économiques*

・同格の関係の長い挿入句（節）

同格の関係にある長い句や節がヴィルギュル（,）やティレ（–）で前後をはさまれて挿入されていることがある．つぎの例文では，挿入されている les processus から économiques までは，ces invasions と同格の関係にあり，ces invasions を具体的に説明している．

Ces invasions — *le processus par lequel certaines espèces sont introduites par les activités humaines dans des régions où elles n'ont pas évolué, et où elles s'implantent, se propagent et créent des dégâts écologiques, sanitaires et économiques* — sont même la première cause connue d'extinctions d'espèces récentes.

・主語倒置

独立節内で状況補語が文頭にある場合や関係代名詞，疑問詞の後に主語名詞と動詞だけの場合は，主語名詞は倒置されることが多い．最初の例文では，動詞 se trouve の後の le quartier 〜 folles は倒置主語である．つぎの例でも動詞 se trouvent の後の Antibes et Nice は倒置主語である．

Au sud de la ville, **se trouve** *le quartier de Juan-Les Pins qui a connu son heure de gloire durant les Années folles.*

Le département où **se trouvent** *Antibes et Nice* s'appelle les Alpes-Maritime.

各課の構成と練習問題の取り組み方

　この教科書では，翻訳 AI と生成 AI の使い方を学びながら，練習問題をやってフランス語の語彙力と文法力が強化できるようになっています．

▊ 各課の構成 ▶

　各課は，つぎのように構成されています．

ウオームアップ

練習問題 1 と 2	フランス語 → AI 翻訳 → 日本語
練習問題 3 と 4	日本語 → AI 翻訳 → フランス語
練習問題 5	生成 AI とチャット「AI と Chat！Chat！」
文法の復習	文法を AI 翻訳とチャットに役立てよう！

　各課のテーマについて，練習問題 1 と 2 は世界全体，特にフランスの場合を，練習問題 3 は日本の場合を対象にしています．世界全体やフランスと日本を比較して，日本は，気候変動に対してどのように取り組めば良いのかを考えましょう．そして，練習問題 4 でみなさん自身の考えをまとめて，フランス語でスピーチしたりネットでフランス語で発信したりするための原稿を作成しましょう．

▊ 練習問題の取り組み方 ▶

　Leçon 1 を例にしてその練習問題の取り組み方を具体的に説明します．

 **ウオームアップ**

　ここでは，各課で扱われているテーマに関係しているキーワードをあらかじめ知り，それを理解するようにします．

> つぎに示すのは，「気候変動」と関係しているフランス語のキーワードです．①〜④の文はその説明です．それぞれの文は，どのキーワードの説明でしょうか．
>
> | changement climatique | développement durable |
> |---|---|
> | émissions de CO₂ | justice climatique |
>
> ① （フランス語　　　　　　　　　日本語訳　　　　　　　　　）
> le CO₂ (dioxyde de carbone), d'origine naturelle ou humaine, rejeté dans l'atmosphère a un impact important sur le changement climatique ;
>
> ② （　　　　　　　　　　　　　　　　　　　　　　　　　　　）
> notion introduite récemment pour prendre en compte les inégalités socio-économiques face au changement climatique ou aux conséquences qui en résultent. Elle repose sur l'idée de justice sociale qu'elle étend à la question de l'environnement ;

それぞれの文が説明しているキーワードを上から選んで書く，つぎにその日本語訳を書く．

1 まず AI 翻訳のポストエディットをする前に，翻訳する文で用いられている語彙，文法，文の構造の事前確認，つぎに 2 種類の AI の日本語訳を 3 段階で評価．ポストエディットをする必要がない場合は TB，ある場合は B か AB．ポストエディットをする必要がある場合は，AI 翻訳の問題があると思われる箇所にマーカーをひき指摘，つぎに加筆修正．また，AI の翻訳から学ぶべきところ，うまい翻訳があれば，それも指摘．

☐ **TB** (Très bien. Bravo !)　☐ **B** (Bien)　☐ **AB** (Assez bien)

> 「ポストエディット」をする前に，もとのフランス語の文章で使われている語彙，文法，文の構造を「事前確認」．この作業は，まず「翻訳 AI・生成 AI の使い方」の「点検と Post-edit するときの注意点」（9 ページ）をよく読んでからする．

(1) La crise climatique est une réalité *de plus en plus* alarmante, avec des conséquences qui s'aggravent sans cesse et deviennent irréversibles. Les émissions de CO_2 continuent d'augmenter à un rythme très inquiétant, *provoquant* des inondations catastrophiques, des vagues de chaleur record, des sécheresses graves et une *fonte record des glaces aux pôles*.

AI 翻訳 事前確認　　[　　]には日本語，(　　)にはフランス語

語彙：de plus en plus [　　　　　].
文法：provoquant は (　　　　　) の現在分詞；
　　　fonte record des glaces 〜 の des は前置詞 (　　　　) と定冠詞 (　　　　) が縮約したもの；
　　　aux pôles の aux は前置詞 (　　　　) と定冠詞 (　　　　) が縮約したもの.
文の構造：provoquant 〜 は，分詞構文（→ p. 92）で同時，並行して起こることをあらわしていて，
　　　意味上の主語（inondations catastrophiques などを provoquer するの）は (　　　　　
　　　　　).

> 「事前確認」，これは，認知的第二言語習得研究で「気づき（意識的な学習）」と呼ばれている作業に相当する．語彙力，文法力を強化するのに役立つ．したがって，「事前確認」するのは，「ポストエディット」するためだけでなく，語彙力，文法力を強化するためでもある．

> ① と ② は，上のフランス語の文章を 2 種類の AI が翻訳したもの．問題があると思われる箇所，AI 翻訳から学ぶべきところ，うまい翻訳にマーカーをひき，それを下の [　] かノートに書く．

AI の日本語訳

① 気候危機はますます憂慮すべき現実であり，その結果は常に悪化し，不可逆的になりつつあります．CO_2 排出量は驚くべきスピードで増え続け，壊滅的な洪水，記録的な熱波，深刻な干ばつ，極地の氷冠の記録的な融解を引き起こしています．　　☐ **TB**　☐ **B**　☐ **AB**

[　　　　　　　　　　　　　　　　　　　　　　　　　　　　　　　　　　　　]

② 気候危機はますます深刻化し，逆転不可能な結果を引き起こしている現実であり，ますます警戒すべきものです．CO_2 の排出量は非常に心配なペースで増加し続け，壊滅的な洪水，過去最高の熱波，深刻な干ばつ，北極と南極の氷の融解などを引き起こしています．　☐ **TB**　☐ **B**　☐ **AB**

[　　　　　　　　　　　　　　　　　　　　　　　　　　　　　　　　　　　　]

> 最後に AI の日本語訳を三段階で評価．

各課の構成と練習問題の取り組み方

❷ 「（プレエディット）＋ AI 翻訳＋ポストエディット＋逆翻訳」を繰り返して，つぎの文章の日本語訳を作成，事後確認，発表，提出.

AI 翻訳アプリを起動し，このフランス語の文章に翻訳 AI のカメラを向ければリアルタイムで翻訳できる．その後，Pre-edit → Post-edit → Back-translation を繰り返し，日本語訳を完成させる.

L'Accord de Paris

L'accord de Paris est un traité international qui engage l'ensemble des États *l'ayant ratifié en 2016*, tout en *s'adaptant* à leurs ambitions et à leurs capacités *en matière de* climat. *Avec pour objectif principal de contenir la hausse de la température **moyenne**, par rapport aux niveaux préindustriels, bien **en dessous de** 2℃, et **la limiter autant que possible** à 1,5℃, l'accord de Paris vise également au renforcement des capacités d'adaptation et de résilience **face aux** effets du changement climatique, **ainsi qu'**à la **mise en œuvre** de flux financiers adaptés à ces objectifs. En 2020, **à l'occasion du** cinquième anniversaire de l'adoption de l'accord de Paris un sommet virtuel sur l'ambition climatique a été organisé pour remettre le climat au cœur de l'agenda international.*

L'adoption, *pour la première fois*, d'un accord contraignant est une étape importante dans la lutte contre le changement climatique. L'accord de Paris cherche à rassembler toutes les nations et à les engager dans un processus multilatéral pour s'adapter aux effets du changement climatique et essayer d'en réduire l'impact.

この作業は，つぎのサイトにある PDF 上のフランス語をコピーし，翻訳 AI にペーストしてもできる.
サイト URL
https://www.e-surugadai.com/books/isbn978-4-411-01355-2

AI翻訳 事後確認　　[　　]には日本語，(　　)にはフランス語

語彙：en matière de ～ [　　　　　　　　] ; moyen, ne [　　　　　　　　] ;
　　　par rapport à (aux) ～ [　　　　　　] ; en dessous de ～ [　　　　　] ;
　　　autant que possible [　　　　　　] ; face à (aux) ～ [　　　　　] ;
　　　ainsi que (qu') [　　　　　] ; mise en œuvre [　　　　　] ;
　　　à l'occasion de (du) ～ [　　　　　　] ; pour la première fois [　　　　　　].
文法：l'ayant ratifié en 2016 の l' は (　　　　　　　　) を指す目的格代名詞で，ayant は，
　　　(　　　　　　) の現在分詞で，l'ayant ratifié en 2016 は，全体で (　　　　　　
　　　　　　　) を修飾する現在分詞の形容詞的用法 ; s'adaptant は，(　　　　　　　　)
　　　の現在分詞で，en ＋現在分詞は，ジェロンディフ (→ p. 92) で手段「～によって」を表す ;
　　　la limiter … の la は目的格代名詞で，(　　　　　　　　　　　) を指している.
文の構造：s'adaptant の意味上の主語は (　　　　　　　　　) ;
　　　　　Avec pour objectif ～ à ces objectifs の文全体の主語は (　　　　　　　　) ;
　　　　　En 2020 　～ 　l'agenda international の文全体の主語は (
　　　　　　　　).

AI 翻訳の完成度を判断するために，日本語訳を見ながら，フランス語の文章で使われている語彙，文法，文の構造の「事後確認」をする．この「事後確認」は，「点検」，「ポストエディット」に役立つだけでなく，語彙力，文法力の強化に役立つ.

各課の構成と練習問題の取り組み方

❸ フランス語訳の完成：2 種類の AI のフランス語訳を 3 段階で評価．ポストエディット
をする必要がある場合は，AI 翻訳の問題があると思われる箇所にマーカーをひき問題
点を指摘，つぎに加筆修正．最後にもう一度 2 つの翻訳を見て，「AI 翻訳に学ぶ」をやっ
て表現力，アップ．

(1) 近年，気温の上昇，大雨の頻度の増加や，農作物の品質低下，動植物の分布域の変化，
熱中症リスクの増加など，気候変動の影響が全国各地で起きており，さらに今後，長期
にわたり拡大するおそれがあります．

① と ② は，上の日本語の文章を 2 種類の AI が翻訳したもの．問題があると思われる箇所にマーカーをひき，問題点を [ ] かノートに書く．最後に AI のフランス語訳を三段階で評価する．

① Ces dernières années, les effets du changement climatique, tels que la hausse des
températures, l'augmentation de la fréquence des fortes pluies, la diminution de la qualité
des récoltes, les changements dans les zones de distribution des plantes et des animaux
et l'augmentation du risque de coup de chaleur, se sont manifestés dans tout le pays et
pourraient continuer à le faire pendant longtemps.　　　　　□ TB ■ B ■ AB

[　　　　　　　　　　　　　　　　　　　　　　　　　　　　　　　]

② Ces dernières années, nous observons les effets du changement climatique à travers tout le
pays, tels que l'augmentation des températures, l'augmentation de la fréquence des fortes
pluies, la dégradation de la qualité des cultures, les changements dans la répartition des
espèces animales et végétales, ainsi que l'augmentation du risque d'insolation. De plus, ces
effets pourraient continuer de s'étendre à long terme.　　　　　□ TB ■ B ■ AB

[　　　　　　　　　　　　　　　　　　　　　　　　　　　　　　　]

AI 翻訳に学ぶ　なるほど，こうも言えるんだ！

「品質低下」	① la diminution de la qualité	② (	)
「熱中症」	① (	) ② insolation	
「～で起きており」	① se sont manifestés	② (	)
「全国各地で」	① dans tout le pays	② (	)
「長期にわたり」	① pendant longtemps	② (	)

複数の翻訳 AI を用いて同じ文章を翻訳すれば，しばしば同じことを言うのに複数の言い方があ
ることを教えてくれて，表現力アップに役立つ．これは翻訳 AI を用いることの大きなメリット．
「　」の中の日本語をあらわすフランス語の表現のひとつはすでに書いてある．同じような意味
をあらわすもうひとつのフランス語表現を探す．番号 ① と ② は，上のフランス語訳の番号．

まず日本語で原稿を書く．フランス語に翻訳するためには，翻訳 AI を起動し，それを翻訳 AI にコピペするか，日本語で書いた原稿に翻訳 AI のカメラを向ける．

④ 「(プレエディット)＋ AI 翻訳＋ポストエディット＋逆翻訳」を繰り返して，フランス語でスピーチしたりネットで発信したりするための原稿を作成，発表，提出．

自分の考えを日本語で 300 字以上で書いて，それをフランス語に AI 翻訳します．その後，Pre-edit → Post-edit → Back-translation を繰り返し，フランス語の文章の完成度を上げます．

今回のお題は，「気候変動と日本の未来」．

わずかな学習時間でこのようなまとまった内容の原稿を作成できるのは AI 翻訳のおかげ．AI に感謝！感謝！

注意！ AI とチャットを始める前に，「翻訳 AI・生成 AI の使い方」に書いてある「チャットの仕方」(8 ページ) をよく読む．

⑤ 気候変動に対処するために，日本の若者がするべきことについて，ChatGPT などの生成 AI とフランス語で対話してみましょう．まず，Afin de faire face au changement climatique, qu'est-ce que les jeunes japonais doivent faire ? と言ってチャットを始めます．「AI と Chat！Chat！で使える表現」(80 ページ) を参考にして，チャットを続けましょう．

AI なら相手のことを気にせずチャットできる．フランス語で質問したり，回答するのに時間がかかっても大丈夫．AI なら辛抱強く待ってくれる．AI の胸を借りるつもりでどんどんチャットして，自分のフランス語を鍛える．

語彙と文法は，AI 翻訳の点検，Post-edit，さらに AI とチャットするために必須．このコーナでは，文法の知識を整理し，さらに深める．

文法の復習 ～ 文法を AI 翻訳に役立てよう！

この課では，現在分詞がしばしば出てきましたね．口頭会話ではなく，ニュースや解説の文章，小説では現在分詞がよく使われます．現在分詞には，名詞を修飾する形容詞的用法，ジェロンディフ，分詞構文の 3 つの用法があります．詳しくは 92 ページを見てください．

特にチャットするためには，語彙力だけでなく文法力もしっかり身につけて，自分で文を作れるようにする．

各課の構成と練習問題の取り組み方

Leçon 1

Changement climatique

気候変動

CO₂ の排出増加などが原因で「気候変動」がおこっています．地球の温暖化は，人間だけでなく生物や自然に大きな悪影響をあたえています．私たちはどうすれば良いのでしょうか．この課では，気候変動に関係していること全般を理解するようにしましょう．

ウオームアップ

つぎに示すのは，「気候変動」と関係しているフランス語のキーワードです．①〜④の文はその説明です．それぞれの文は，どのキーワードの説明でしょうか．

> changement climatique   développement durable
> émissions de CO₂   justice climatique

① （フランス語　　　　　　　　　　日本語訳　　　　　　　　　　）

le CO₂ (dioxyde de carbone), d'origine naturelle ou humaine, rejeté dans l'atmosphère a un impact important sur le changement climatique ;

② （　　　　　　　　　　　　　　　　　　　　　　　　　　　　）

notion introduite récemment pour prendre en compte les inégalités socio-économiques face au changement climatique ou aux conséquences qui en résultent. Elle repose sur l'idée de justice sociale qu'elle étend à la question de l'environnement ;

③ （　　　　　　　　　　　　　　　　　　　　　　　　　　　　）

transformation importante des conditions météorologiques, y compris de la température moyenne, sur le long terme et sur toute la planète ;

④ （　　　　　　　　　　　　　　　　　　　　　　　　　　　　）

principe nouveau dont l'objectif est d'organiser les activités humaines pour permettre le développement économique et social sans épuiser les ressources naturelles disponibles sur notre planète.

気候変動は，全ての人間に影響をあたえます．でも，受ける影響の程度は同じではないのです．より大きな影響を受ける人々がいるのは見逃せない事実です．2種類の翻訳 AI を使って訳してみました．さて，正しく翻訳されているでしょうか．

1 まず AI 翻訳のポストエディットをする前に，翻訳する文で用いられている語彙，文法，文の構造の事前確認，つぎに 2 種類の AI の日本語訳を 3 段階で評価．ポストエディットをする必要がない場合は TB，ある場合は B か AB．ポストエディットをする必要がある場合は，AI 翻訳の問題があると思われる箇所にマーカーをひき指摘，つぎに加筆修正．また，AI の翻訳から学ぶべきところ，うまい翻訳があれば，それも指摘．

☐ **TB** (Très bien. Bravo !) ☐ **B** (Bien) ☐ **AB** (Assez bien)

(1) La crise climatique est une réalité *de plus en plus* alarmante, avec des conséquences qui s'aggravent sans cesse et deviennent irréversibles. Les émissions de CO_2 continuent d'augmenter à un rythme très inquiétant, *provoquant* des inondations catastrophiques, des vagues de chaleur record, des sécheresses graves et une *fonte record des glaces aux pôles*.

AI翻訳 事前確認　　[　　]には日本語，(　　)にはフランス語

語彙：de plus en plus ［　　　　　　　］．
文法：provoquant は（　　　　　　）の現在分詞；
　　　　fonte record des glaces ～ の des は前置詞（　　　　　）と定冠詞（　　）が縮約したもの；
　　　　aux pôles の aux は前置詞（　　　　　　）と定冠詞（　　　　　）が縮約したもの.
文の構造：provoquant ～ は，分詞構文（→ p. 92）で同時，並行して起こることをあらわしていて，
　　　　意味上の主語（inondations catastrophiques などを provoquer するの）は（
　　　　　　　　　）.

AIの日本語訳

① 気候危機はますます憂慮すべき現実であり，その結果は常に悪化し，不可逆的になりつつあります．CO_2 排出量は驚くべきスピードで増え続け，壊滅的な洪水，記録的な熱波，深刻な干ばつ，極地の氷冠の記録的な融解を引き起こしています．　　　　　☐ **TB**　　**B**　　**AB**

［　　　　　　　　　　　　　　　　　　　　　　　　　　　　　　　　　　　　　］

② 気候危機はますます深刻化し，逆転不可能な結果を引き起こしている現実であり，ますます警戒すべきものです．CO_2 の排出量は非常に心配なペースで増加し続け，壊滅的な洪水，過去最高の熱波，深刻な干ばつ，北極と南極の氷の融解などを引き起こしています．　　☐ **TB**　　**B**　　**AB**

［　　　　　　　　　　　　　　　　　　　　　　　　　　　　　　　　　　　　　］

(2) Les pertes et les dommages *causés* par le changement climatique affectent tout le monde, mais les *pays* pauvres ou *en voie de développement* sont *d'autant plus* affectés *qu'*ils sont moins bien préparés et *dépourvus des* capacités financières pour résister seuls.

AI翻訳 事前確認　　[　　]には日本語, (　　)にはフランス語

語彙：pays en voie de développement　[　　　　　　　　　　　　]；
d'autant plus … 〜 qu'(que)　[　　　　　　　　　　　]；
dépourvus des（← dépourvu de 〜）　[　　　　　　　].
文法：dépourvus des 〜 の des は前置詞（　　　　）と定冠詞（　　　　）が縮約したもの.
文の構造：causés 〜 は, (　　　　　　　) 過去分詞で, その前の (　　　　　　　　　　　　　　)
を修飾している. このような用法は, 過去分詞の形容詞的用法（→ p. 97）と呼ばれ,
「[　　　　　　　]」と受身的に訳す.

AIの日本語訳

① 気候変動による損失や損害はすべての人に影響しますが, 貧しい国や発展途上国は, 備えが十分でなく, 自力で抵抗する財政能力もないため, より大きな影響を受けます. ☐ **TB**　　**B**　　**AB**

[　　　　　　　　　　　　　　　　　　　　　　　　　　　　　　　　　　　　　]

② 気候変動による損失と被害は, 誰にとっても影響を与えますが, 貧しい国や開発途上国は, 十分に準備ができておらず, 独力で抵抗するための財政的な能力を持たないため, より深刻な影響を受けます. ☐ **TB**　　**B**　　**AB**

[　　　　　　　　　　　　　　　　　　　　　　　　　　　　　　　　　　　　　]

(3) Le *terme* de justice climatique est *né de* la *prise de conscience que la crise climatique accentue les inégalités existantes et met en danger les droits humains les plus élémentaires*. Les mouvements de justice environnementale *comprennent* de plus en plus la nécessité d'une approche « intersectionnelle » pour obtenir des résultats.

AI翻訳 事前確認　　[　　]には日本語, (　　)にはフランス語

語彙：terme　[　　　　　　　]；
né は（　　　　）の過去分詞で, de はここでは「[　　　　]」という意味；
prise de conscience　[　　　　　]；comprennent (← comprendre) の意味は [　　　　].
文法：les plus élémentaires の les plus は「[　　　　]」と言う意味で, 形容詞の最上級を作るときに用いる.
文の構造：que la crise climatique 〜 les plus élémentaires は, (　　　　　　　　　　)
を補足的に説明している. このような que 〜 は, 「〜という」意味で「同格の que」と
呼ばれ, 英語の that と同じ働きをしている；
accentue 〜 と met en danger の主語は (　　　　　　　　　　)（→ p. 98）；
les plus élémentaires は, (　　　　　　　　　　　　　　) を修飾している.

① 気候正義という用語は，気候危機が既存の不平等を増幅し，最も基本的な人権を危険にさらすことにより生まれました．環境正義の運動は，結果を得るために「交差的」アプローチの必要性をますます認識しています．　　　　　　　　　　☐ TB　B　AB

[　　　　　　　　　　　　　　　　　　　　　　　　　　　　　　　　　　　　　　　]

② 気候正義という言葉は，気候危機が既存の不平等を悪化させ，最も基本的な人権を危うくしているという認識から生まれました．環境正義運動は，成果を上げるためには「交差的」なアプローチが必要であることをますます理解しています．　　　　　☐ TB　B　AB

[　　　　　　　　　　　　　　　　　　　　　　　　　　　　　　　　　　　　　　　]

(4) Les scientifiques ont également *averti que le maintien de l'objectif de 1,5℃ sera de plus en plus difficile à atteindre. Il est donc urgent d'agir pour réduire les émissions de CO_2 et s'adapter aux conséquences du changement climatique.* Les principaux acteurs mondiaux *doivent* travailler ensemble pour garantir une transition juste, équitable et durable vers un avenir meilleur.

AI翻訳 事前確認　　[　　] には日本語，(　　) にはフランス語

語彙：averti は，(　　　　　　　) の過去分詞；doivent の不定詞（動詞原形）は，(　　　　　).
文の構造：que le maintien de l'objectif 〜 à atteindre は，動詞（　　　　　　　）の直接目的で，
　　　　　　que は英語の名詞節を導く that と同じ働きをしている；
　　　　　　Il est donc urgent d'agir 〜 changement climatique の Il は形式上の主語で，真主語（意味上の主語）は（　　　　…　　　　　　　　　　　　　　　　）．

① 科学者たちはまた，1.5℃ の目標を達成することがますます困難になると警告しています．したがって，CO_2 の排出削減と気候変動の影響への適応に取り組むためには，緊急の行動が必要です．主要な世界の関係者は，公正で公平かつ持続可能な移行を確保するために協力して取り組む必要があります．　　　　　　　　　　　　　　　　☐ TB　B　AB

[　　　　　　　　　　　　　　　　　　　　　　　　　　　　　　　　　　　　　　　]

② また，科学者たちは，1.5℃ の目標を維持することはますます難しくなると警告しています．したがって，CO_2 排出量を削減し，気候変動の影響に適応するための緊急の行動が必要である．世界の主要なプレーヤーは，より良い未来への公正で公平かつ持続可能な移行を確実にするために協力しなければなりません．　　　　　　　　　　☐ TB　B　AB

[　　　　　　　　　　　　　　　　　　　　　　　　　　　　　　　　　　　　　　　]

②　「（プレエディット）＋AI翻訳＋ポストエディット＋逆翻訳」を繰り返して，つぎの文章の日本語訳を作成，事後確認，発表，提出．

L'Accord de Paris

L'accord de Paris est un traité international qui engage l'ensemble des États *l'ayant ratifié en 2016*, tout en *s'adaptant* à leurs ambitions et à leurs capacités *en matière de* climat. *Avec pour objectif principal de contenir la hausse de la température* **moyenne**, *par rapport aux niveaux préindustriels, bien* **en dessous de** *2℃, et* **la limiter autant que possible** *à 1,5℃, l'accord de Paris vise également au renforcement des capacités d'adaptation et de résilience* **face aux** *effets du changement climatique,* **ainsi qu'**à la **mise en œuvre** *de flux financiers adaptés à ces objectifs. En 2020,* **à l'occasion du** *cinquième anniversaire de l'adoption de l'accord de Paris un sommet virtuel sur l'ambition climatique a été organisé pour remettre le climat au cœur de l'agenda international.*

L'adoption, *pour la première fois*, d'un accord contraignant est une étape importante dans la lutte contre le changement climatique. L'accord de Paris cherche à rassembler toutes les nations et à les engager dans un processus multilatéral pour s'adapter aux effets du changement climatique et essayer d'en réduire l'impact.

　AI翻訳 事後確認　　[　　]には日本語，（　　）にはフランス語

語彙：en matière de ～　[　　　　　　　　　] ; moyen, ne　[　　　　　　　] ;
　　　par rapport à (aux) ～　[　　　　　　　] ; en dessous de ～　[　　　　　　　] ;
　　　autant que possible　[　　　　　　　] ; face à (aux) ～　[　　　　　] ;
　　　ainsi que (qu')　[　　　　　　] ; mise en œuvre　[　　　　　　] ;
　　　à l'occasion de (du) ～　[　　　　　　] ; pour la première fois　[　　　　　　].
文法：l'ayant ratifié en 2016 の l' は（　　　　　　　）を指す目的格代名詞で，ayant は，
　　　（　　　　　）の現在分詞で，l'ayant ratifié en 2016 は，全体で（
　　　　　　）を修飾する現在分詞の形容詞的用法；s'adaptant は，（　　　　　　　）
　　　の現在分詞で，en ＋現在分詞は，ジェロンディフ（→ p. 92）で手段「～によって」を表す；
　　　la limiter ... の la は目的格代名詞で，（　　　　　　　　　）を指している．
文の構造：s'adaptant の意味上の主語は（　　　　　　　）；
　　　　　Avec pour objectif ～ à ces objectifs の文全体の主語は（　　　　　）；
　　　　　En 2020 ～　l'agenda international の文全体の主語は（
　　　　　）．

| 日本語 | **AI 翻訳** | フランス語 |

日本の環境省の報道発表「気候変動適応法案の閣議決定について」の一部をフランス語に訳して海外に発信したいと思います。2種類の翻訳AIを使って訳してみました。さて，正しく翻訳されているでしょうか。

3 フランス語訳の完成：2種類のAIのフランス語訳を3段階で評価．ポストエディットをする必要がある場合は，AI翻訳の問題があると思われる箇所にマーカーをひき問題点を指摘，つぎに加筆修正．最後にもう一度2つの翻訳を見て，「AI翻訳に学ぶ」をやって表現力，アップ．

(1) 近年，気温の上昇，大雨の頻度の増加や，農作物の品質低下，動植物の分布域の変化，熱中症リスクの増加など，気候変動の影響が全国各地で起きており，さらに今後，長期にわたり拡大するおそれがあります．

① Ces dernières années, les effets du changement climatique, tels que la hausse des températures, l'augmentation de la fréquence des fortes pluies, la diminution de la qualité des récoltes, les changements dans les zones de distribution des plantes et des animaux et l'augmentation du risque de coup de chaleur, se sont manifestés dans tout le pays et pourraient continuer à le faire pendant longtemps.　　　□ TB　□ B　□ AB

[　　　　　　　　　　　　　　　　　　　　　　　　　　　　　　]

② Ces dernières années, nous observons les effets du changement climatique à travers tout le pays, tels que l'augmentation des températures, l'augmentation de la fréquence des fortes pluies, la dégradation de la qualité des cultures, les changements dans la répartition des espèces animales et végétales, ainsi que l'augmentation du risque d'insolation. De plus, ces effets pourraient continuer de s'étendre à long terme.　　　□ TB　□ B　□ AB

[　　　　　　　　　　　　　　　　　　　　　　　　　　　　　　]

AI翻訳に学ぶ　　なるほど，こうも言えるんだ！

「品質低下」	① la diminution de la qualité	② (　　　　　　　　)
「熱中症」	① (　　　　　　　　)	② insolation
「～で起きており」	① se sont manifestés	② (　　　　　　　　)
「全国各地で」	① dans tout le pays	② (　　　　　　　　)
「長期にわたり」	① pendant longtemps	② (　　　　　　　　)

Leçon 1　Changement climatique

(2) これまで我が国においては，地球温暖化対策推進法の下で，温室効果ガスの排出削減対策（緩和策）を進めてきましたが，気候変動の影響による被害を回避・軽減する適応策は法的に位置付けられておりませんでした．

① Jusqu'à présent, le Japon a encouragé les mesures de réduction des émissions de gaz à effet de serre (mesures d'atténuation) dans le cadre de la loi sur la promotion des mesures de lutte contre le réchauffement planétaire, mais les mesures d'adaptation visant à éviter ou à réduire les dommages causés par les effets du changement climatique n'ont pas été légalement mises en place.　☐ TB　B　AB

[　　　　　　　　　　　　　　　　　　　　　　　　　　　　]

② Jusqu'à présent, au sein de notre pays, nous avons mis en œuvre des mesures d'atténuation visant à réduire les émissions de gaz à effet de serre dans le cadre de la loi sur la promotion des mesures de lutte contre le réchauffement climatique. Cependant, il n'existait pas de cadre légal pour les mesures d'adaptation visant à éviter ou réduire les dommages causés par le changement climatique.　☐ TB　B　AB

[　　　　　　　　　　　　　　　　　　　　　　　　　　　　]

AI翻訳に学ぶ　**なるほど，こうも言えるんだ！**

「我が国において」	① le Japon	② (　　　　　　　　　　　　)
「進めてきました」	① a encouragé	② (　　　　　　　　　　　　)
「〜が，」	① mais	② (　　　　　　　　　　　　)

(3) 気候変動に対処し，国民の生命・財産を将来にわたって守り，経済・社会の持続可能な発展を図るためには，温室効果ガスの長期大幅削減に全力で取り組むことはもちろん，現在生じており，また将来予測される被害の回避・軽減等を図る気候変動への適応に，多様な関係者の連携・協働の下，一丸となって取り組むことが一層重要となっています．

① Afin de faire face au changement climatique, de protéger la vie et les biens des personnes à l'avenir et de parvenir à un développement économique et social durable, il est important non seulement de faire tous les efforts possibles pour parvenir à une réduction significative à long terme des émissions de gaz à effet de serre, mais aussi de travailler ensemble pour éviter ou atténuer les dommages qui se sont déjà produits et qui devraient se produire à l'avenir, grâce à la coopération et à la collaboration des différentes parties concernées. Il est encore plus important de travailler ensemble afin d'éviter et d'atténuer les dommages qui se produisent actuellement et qui devraient se produire à l'avenir.　☐ TB　B　AB

[　　　　　　　　　　　　　　　　　　　　　　　　　　　　]

② Pour faire face au changement climatique, protéger la vie et les biens de la population pour les générations futures, et promouvoir un développement économique et social durable, il est essentiel de s'engager pleinement dans une réduction à long terme et substantielle des émissions de gaz à effet de serre. De plus, il est de plus en plus important de travailler en collaboration avec divers acteurs pour mettre en œuvre des mesures d'adaptation visant à éviter ou réduire les dommages actuels et prévus causés par le changement climatique.

☐ TB   ☐ B   ☐ AB

[　　　　　　　　　　　　　　　　　　　　　　　　　　　　　　　]

AI 翻訳に学ぶ　なるほど，こうも言えるんだ！

「〜ために」	① (　　　　　　　　)	② pour
「将来にわたって」	① à l'avenir	② (　　　　　　　　　　　)
「〜が重要となってい（る）」	① il est important de	② (　　　　　　　　)
「全力で取り組む」	① (　　　　　　　　　　)	② s'engager pleinement
「（と）の連携・協働の下」	① grâce à la coopération et à la collaboration de	
	② (　　　　　　　　　　　)	

「現在生じており，また将来予測される被害」
① les dommages qui se sont déjà produits et qui devraient se produire à l'avenir
② (　　　　　　　　　　　　　　　　　　　　　　　　　)

4 「（プレエディット）＋ AI 翻訳＋ポストエディット＋逆翻訳」を繰り返して，フランス語でスピーチしたりネットで発信したりするための原稿を作成，発表，提出．

自分の考えを日本語で 300 字以上で書いて，それをフランス語に AI 翻訳します．その後，Pre-edit → Post-edit → Back-translation を繰り返し，フランス語の文章の完成度を上げます．

今回のお題は，「気候変動と日本の未来」．

5 気候変動に対処するために，日本の若者がするべきことについて，ChatGPT などの生成 AI とフランス語で対話してみましょう．まず，Afin de faire face au changement climatique, qu'est-ce que les jeunes japonais doivent faire ? と言ってチャットを始めます．「AI と Chat！Chat！で使える表現」（80 ページ）を参考にして，チャットを続けましょう．

文法の復習 〜文法を AI 翻訳に役立てよう！

この課では，現在分詞がしばしば出てきましたね．口頭会話ではなく，ニュースや解説の文章，小説では現在分詞がよく使われます．現在分詞には，名詞を修飾する形容詞的用法，ジェロンディフ，分詞構文の３つの用法があります．詳しくは 92 ページを見てください．

Leçon 2

Réchauffement climatique
地球温暖化

異常気象は昔からありましたが，近年では温暖化の影響により被害が甚大かつ深刻になっていると言われています．さらに最近では温暖化の時代は終わり，「地球沸騰」の時代が到来したとさえ言われています．フランスと日本，それぞれの国でどのような異常気象が生じているのかを具体的に見ていきましょう．

 ウオームアップ

つぎに示すのは，「異常気象」と関係しているフランス語のキーワードです．①〜④の文はその説明です．それぞれの文は，どのキーワードの説明でしょうか．

> canicule   inondation
> réchauffement climatique   sécheresse

① （フランス語　　　　　　　　　日本語訳　　　　　　　　　　）

modification du climat de la Terre, caractérisée par un accroissement de la température moyenne à sa surface ; constat d'une augmentation de la température terrestre moyenne sur de longues périodes ;

② （　　　　　　　　　　　　　　　　　　　　　　　　　　）

période d'au moins trois jours consécutifs pendant laquelle la chaleur est particulièrement élevée ;

③ （　　　　　　　　　　　　　　　　　　　　　　　　　　）

débordement d'eaux qui inondent un terrain, un pays ; une submersion temporaire, naturelle ou artificielle, d'un espace terrestre ;

④ （　　　　　　　　　　　　　　　　　　　　　　　　　　）

une longue période de temps pendant laquelle les précipitations sont en dessous des statistiques dans une région.

フランス語 ▶ **AI 翻訳** ▶ 日本語

以下はフランスにおける地球温暖化と異常気象についての文章です．どの地域で
どのような問題が起きているのでしょうか．2種類の翻訳 AI を使って訳してみま
した．さて，正しく翻訳されているでしょうか．

1

まず AI 翻訳のポストエディットをする前に，翻訳する文で用いられている語彙，文法，
文の構造の事前確認，つぎに 2 種類の AI の日本語訳を 3 段階で評価．ポストエディッ
トをする必要がない場合は TB，ある場合は B か AB．ポストエディットをする必要が
ある場合は，AI 翻訳の問題があると思われる箇所にマーカーをひき指摘，つぎに加筆
修正．また，AI の翻訳から学ぶべきところ，うまい翻訳があれば，それも指摘．

☐ **TB** (Très bien. Bravo !)　　☐ **B** (Bien)　　☐ **AB** (Assez bien)

(1) Le réchauffement climatique a un impact significatif sur la France. Les températures
augmentent, les *vagues de chaleur* sont plus fréquentes et les canicules deviennent
de plus en plus intenses. En 2019, une canicule *record a touché* tout le pays, avec des
températures *dépassant* les 40 °C dans des régions *telles que* Montpellier et Nice.
Cela entraîne des risques *accrus* pour la santé, *en particulier* pour les personnes
âgées et les groupes vulnérables.

AI翻訳 事前確認　　[　]には日本語，（　）にはフランス語

語彙：vague de chaleur［　　　　　　　　　］= canicule（ほぼ同じだが，フランスでは 3 日間以上
続く連続猛暑日を canicule と定義）；de plus en plus［　　　　　　］；
record［　　　　　　　］；toucher (← a touché)［　　　　　　　　　　］；
tel(le)(s) que［　　　　　　　］= comme；
en particulier［　　　　　　　］= surtout, notamment.
文法：dépassant は動詞（　　　　　　　　）の現在分詞で，現在分詞の形容詞的用法（→ p. 92）=
qui dépassent；accru は動詞（　　　　　　　　）の過去分詞形で形容詞.

AIの日本語訳

① 地球温暖化はフランスに大きな影響を与えています．気温が上昇し，熱波が頻繁になり，熱波が
より激しくなっています．2019 年には，記録的な熱波が全国に影響を与え，モンペリエやニース
などの地域では気温が 40℃ を超えました．これは，特に高齢者や脆弱なグループにとって，健康
上のリスクの増加につながります．　　　　　　　　　　　　☐ **TB**　☐ **B**　☐ **AB**

［
　　］

② 地球温暖化はフランスに大きな影響を与えています．気温が上昇し，熱波の発生頻度が高くなり，
熱波が激しくなっています．2019 年には，記録的な熱波が国全体に影響を及ぼし，モンペリエや
ニースなどの地域では 40℃ を超える気温となりました．これは，特に高齢者や社会的弱者にとっ

て健康リスクの増大につながります.   ☐ TB ☐ B ☐ AB

[   ]

(2) La montée des eaux est également un problème *préoccupant* pour la France. Les régions côtières, comme la Bretagne et l'Aquitaine, *sont confrontées à* l'érosion côtière et *à* un risque accru d'inondations *en raison de* l'élévation du niveau de la mer.

AI翻訳 事前確認　　[　　]には日本語, (　　)にはフランス語

語彙：être confronté(e) à 〜　[　　　　　　　　　　　　　　] ; en raison de 〜　[　　　　　　　].
文法：préoccupant は動詞 (　　　　　　　　　　　　　) の現在分詞で, 現在分詞の形容詞的用法 (→ p. 92) = qui préoccupe.
文の構造：sont confrontées à 〜 は, 2つの目的語 (　　　　　　　　　　　　　) と (　　　　　　　) にかかっている (→ p. 98).

AIの日本語訳

① 海面上昇はフランスでも懸念されている. ブルターニュやアキテーヌなどの沿岸地域では, 海面上昇により, 海岸侵食や洪水のリスクが高まっています.　　☐ TB ☐ B ☐ AB

[   ]

② 海面上昇もフランスにとって憂慮すべき問題だ. ブルターニュやアキテーヌなどの沿岸地域は, 海面上昇による海岸侵食と洪水の危険性の増大に直面しています.　　☐ TB ☐ B ☐ AB

[   ]

(3) Le changement climatique a également des *conséquences* sur les schémas de *précipitations* en France. Certaines régions, comme Rhône-Alpes, *connaissent* des périodes prolongées de sécheresse qui ont des *répercussions* sur l'agriculture et l'*approvisionnement* en eau. D'autres régions, comme le Languedoc, *font face à* des épisodes de fortes pluies, *augmentant* ainsi le risque d'inondations.

AI翻訳 事前確認　　[　　]には日本語, (　　)にはフランス語

語彙：conséquence　[　　　　　　　　] = effet, résultat ;
précipitations (atmosphériques) (pluie, brouillard, neige, grêle)　[　　　　　　　　] ;
connaître (← connaissent)　[　　　　　　　　　] = avoir l'expérience de ;
répercussion　[　　　　　　　] = conséquence, impact ;
approvisionnement　[　　　　　　　] (= 接頭辞 a + provision 貯蔵, 備蓄) ;
faire (← font) face à 〜　[　　　　　　　].
文法：augmentant は動詞 (　　　　　　　) の現在分詞で, 同時性をあらわす分詞構文 (→ p. 92).

① 気候変動は，フランスの降雨パターンにも影響を及ぼしています．ローヌ・アルプなど一部の地域では干ばつが長期化しており，農業や水の供給に影響を及ぼしている．また，ラングドック地方などでは豪雨が発生し，洪水リスクが高まっています． □ TB □ B □ AB

[ ]

② 気候変動はフランスの降水パターンにも影響を与えるだろう．ローヌ・アルプなど一部の地域では干ばつが長期化し，農業や水の供給に影響が出るだろう．ラングドックなど他の地域でも豪雨が発生し，洪水の危険が高まった． □ TB □ B □ AB

[ ]

(4) *Face à* ces défis, le gouvernement français prend des mesures pour *lutter contre* le changement climatique. La France *s'est engagée à* réduire les émissions de gaz à effet de serre *conformément à* l'Accord de Paris. Des initiatives *sont mises en place* pour *promouvoir* les énergies renouvelables et *encourager* la transition vers des modes de transport durables.

AI翻訳 事前確認 [ ]には日本語，( )にはフランス語

語彙：face à 〜 [ ]；lutter contre 〜 [ ]；
　　　s'engager (← s'est engagée) à 〜 [ ]；
　　　conformément à 〜 [ ]；
　　　mettre 〜 en place (← mises en place) [ ]；
　　　promouvoir（接頭辞 pro + mouvoir 動かす）[ ]；
　　　encourager（接頭辞 en + courage 勇気，気力）[ ].

文の構造：sont mises en place は，動詞（ ）の受動態（受身形）で，主語に合わせて性数一致している（→ p. 95）.

① これらの課題に直面して，フランス政府は気候変動と戦うための対策を講じています．フランスはパリ協定に従って温室効果ガスの排出削減に取り組んでいます．再生可能エネルギーを促進し，持続可能な輸送手段への移行を促進するための取り組みが実施されています．

□ TB □ B □ AB

[ ]

② こうした課題に対して，フランス政府は気候変動対策に取り組んでいます．フランスはパリ協定に基づき，温室効果ガス排出量の削減に取り組んでいます．再生可能エネルギーを推進し，持続可能な交通手段への移行を促すための取り組みが行われています． □ TB □ B □ AB

[ ]

L'avenir de la viticulture en France

Le changement climatique aura un impact significatif sur la viticulture en France. Si rien n'est fait, le réchauffement en France *pourrait* atteindre +4 ℃ d'ici la fin du siècle, *ce qui remettrait en question* l'industrie viticole. *Bien que* le réchauffement climatique *puisse* améliorer les vins de certaines régions, il *pose de sérieux problèmes* pour les régions déjà à leur *optimum de production* de grands vins, comme la Bourgogne. Le changement climatique *entraîne* une avancée du calendrier viticole, *rapprochant* la période de maturation des raisins. *De plus*, les températures élevées répétées sur plusieurs jours consécutifs sont *préjudiciables à* la vigne. La spécificité des grands vins français, qui est étroitement *liée à* leur terroir et *à* leur climat, *est modifiée par* le changement climatique, *ce qui pourrait* entraîner la perte de leurs caractéristiques uniques. L'impact du changement climatique sur le vin français est indéniable et touchera particulièrement le secteur économique de la viticulture. *Il est essentiel de* prendre des mesures pour protéger ce patrimoine unique au monde.

AI 翻訳 事後確認　　[　]には日本語,（　）にはフランス語

語彙：remettre (← remettrait) 〜 en question　[　　　　　　　]；
　　　bien que ＋接続法 [　　　　　　]；poser des problèmes [　　　　]；
　　　optimum de production　[　　　　　]；
　　　entraîner　[　　　　　] = causer；de plus [　　　　　]；
　　　préjudiciable à 〜 [　　　　]；lié(e) à 〜 [　　　　].
文法：2，10 行目の pourrait の不定詞（動詞原形）は（　　　），remettrait の不定詞は（　　　）．2 つとも（　　　）法現在の活用形で，ここでは推測を示す；rapprochant は（　　　）の現在分詞で同時性をあらわす分詞構文（→ p. 92）；Il est essentiel de 〜 は非人称の文で il は形式上の主語．実際の主語は de 以下で，（　　　）である.
文の構造：2 行目の ce qui 〜 は前文と同格で（　　　）を受けている；
　　　liée à 〜 は（　　　）と（　　　）の両方にかかっている（→ p. 98）；
　　　est modifiée par の主語は（　　　）で受動態（受身形）である（→ p. 95）；
　　　10 行目の ce qui 〜 は前文と同格で（　　　）を受けている.

日本語 ▶ **AI 翻訳** ▶ フランス語

地球温暖化は桜の開花にも影響を与えています．どのような影響が見られるのか，フランス語で説明できるようになりましょう．2種類の翻訳AIを使って訳してみました．さて，正しく翻訳されているでしょうか．

3 フランス語訳の完成：2種類の AI のフランス語訳を 3 段階で評価．ポストエディットをする必要がある場合は，AI 翻訳の問題があると思われる箇所にマーカーをひき問題点を指摘，つぎに加筆修正．最後にもう一度 2 つの翻訳を見て，「AI 翻訳に学ぶ」をやって表現力，アップ．

(1) 日本の春の象徴である桜の開花期が，地球温暖化の影響により年々早まっています．2023 年には全国各地で観測史上最も早い開花となりました．気象庁が発表した「気候変動監視レポート」によると，国内の桜の開花日は 1953 年以降，10 年間に 1.2 日のペースで早くなっているとのことです．

① La période de floraison des cerisiers en fleurs, symbole du printemps au Japon, devient chaque année plus précoce en raison du réchauffement climatique : en 2023, ils ont fleuri plus tôt que jamais dans toutes les régions du pays, le plus tôt jamais enregistré dans l'histoire. Selon le rapport de surveillance du changement climatique publié par l'Agence météorologique japonaise, la date de floraison des cerisiers au Japon a été avancée de 1,2 jour par décennie depuis 1953.　□ TB　□ B　□ AB

[　　　　　　　　　　　　　　　　　　　　　　　　　　　　　　]

② La période de floraison des cerisiers, symbole du printemps au Japon, avance chaque année en raison de l'impact du réchauffement climatique. En 2023, elle est devenue la plus précoce de l'histoire des observations à travers tout le pays. Selon le « Rapport de surveillance du changement climatique » publié par l'Agence météorologique du Japon, la date de floraison des cerisiers dans le pays avance à un rythme de 1,2 jour tous les 10 ans depuis 1953.　□ TB　□ B　□ AB

[　　　　　　　　　　　　　　　　　　　　　　　　　　　　　　]

AI翻訳に学ぶ　なるほど，こうも言えるんだ！

「早まっています」 ① devient plus précoce　② (　　　　　　　　　　　)
「観測史上最も早い開花となりました」
　① (　　　　　　　　　　　　　　　　　　　　　　　　　　　)
　② est devenue la plus précoce de l'histoire des observations
「全国各地で」 ① (　　　　　　　　　　　　　) ② à travers tout le pays

「10年間に1.2日のペースで」　① de 1,2 jour par décennie

② (　　　　　　　　　　　　　　　　　　　　　　　　　)

(2) 平均気温の上昇により，ソメイヨシノの開花は，日本全国平均では，この52年で4.2日早まっています．大都市では，ヒートアイランド現象の影響も加わって，50年間で6.1日早くなっているそうです．

① En raison de l'augmentation des températures moyennes, la floraison des cerisiers de Someiyoshino a été accélérée de 4,2 jours en moyenne au cours des 52 dernières années dans l'ensemble du Japon. Dans les grandes villes, la floraison des cerisiers Someiyoshino a été avancée de 6,1 jours au cours des 50 dernières années, en raison de l'effet d'îlot de chaleur. ☐ TB　B　AB

[　　　　　　　　　　　　　　　　　　　　　　　　　　　　　　]

② En raison de l'augmentation de la température moyenne, la floraison des cerisiers de type « Somei Yoshino » a avancé de 4,2 jours en moyenne à travers tout le Japon au cours de ces 52 dernières années. Dans les grandes villes, on constate également une avancée de 6,1 jours au cours des 50 dernières années, en raison de l'impact du phénomène d'îlot de chaleur. ☐ TB　B　AB

[　　　　　　　　　　　　　　　　　　　　　　　　　　　　　　]

AI翻訳に学ぶ　**なるほど，こうも言えるんだ！**

「早まっています（早まりました）」　① (　　　　　　　　　　　　　　　)　② a avancé
「日本全国」　　　① (　　　　　　　　　　　　　)
　　　　　　　　② à travers tout le Japon
「早くなっているそうです（早くなりました）」　① a été avancée
　　　　　　　　② (　　　　　　　　　　　　　　　)
「ヒートアイランド現象の影響」　① (　　　　　　　　　　　　　)
　　　　　　　　② l'impact du phénomène d'îlot de chaleur

(3) 温暖化が進行すると桜の開花が遅れることもあります．それは，花芽（かが）が目覚める休眠打破が十分に行われないためです．2100年には九州の一部では全く開花しなかったり，他の地域でも満開にならないという予測も出ています．

① Le réchauffement climatique pourrait retarder la floraison des cerisiers. En effet, les bourgeons floraux ne sortent pas suffisamment de leur dormance pour se réveiller. En 2100, on prévoit que certaines parties de Kyushu ne fleuriront pas du tout et que d'autres zones ne seront pas en pleine floraison. ☐ TB　B　AB

[　　　　　　　　　　　　　　　　　　　　　　　　　　　　　　]

② Avec le réchauffement climatique, il est également possible que la floraison des cerisiers soit retardée. Cela est dû à une insuffisance de la rupture de dormance des bourgeons floraux. Des prévisions indiquent qu'en 2100, il est possible qu'il n'y ait aucune floraison dans certaines parties de Kyushu, et que dans d'autres régions, les cerisiers ne fleurissent pas pleinement.

☐ TB ☐ B ☐ AB

[   ]

AI翻訳に学ぶ　　なるほど，こうも言えるんだ！

「桜の開花が遅れることもあります」　① (   )
　　　　　　　　　　　　　　　　　② il est possible que la floraison des cerisiers soit retardée

「休眠打破が十分に行われない」　① ne sortent pas suffisamment de leur dormance
　　　　　　　　　　　　　　　② (   )

「という予測も出ています」　① (   )　② Des prévisions indiquent que

「全く開花しなかったり」　① ne fleuriront pas du tout　② (   )

「満開にならない」　① (   )
　　　　　　　　② ne fleurissent pas pleinement

4

「(プレエディット)＋AI翻訳＋ポストエディット＋逆翻訳」を繰り返して，フランス語でスピーチしたりネットで発信したりするための原稿を作成，発表，提出．

自分の考えを日本語で 300 字以上で書いて，それをフランス語に AI 翻訳します．その後，Pre-edit → Post-edit → Back-translation を繰り返し，フランス語の文章の完成度を上げます．

今回のお題は，「地球温暖化と日本の未来」．

5

地球温暖化に対処するために，日本の若者がするべきことについて，ChatGPT などの生成 AI とフランス語で対話してみましょう．まず，Afin de faire face au réchauffement climatique, qu'est-ce que les jeunes Japonais doivent faire ? と言ってチャットを始めます．「AI と Chat！Chat！で使える表現」(80 ページ) を参考にして，チャットを続けましょう．

文法の復習 ～文法を AI 翻訳に役立てよう！

この課では，直説法単純未来がしばしば出てきました．未来形は，未来の事柄について話すだけではなく，依頼や軽い命令として日常会話でもよく使われます．詳しくは 93 ページを見てください．

Leçon 3

Catastrophes naturelles
自然災害

近年，地球温暖化に起因する自然災害の頻発や激甚化が，世界各地で報告されています．カナダやハワイの山火事やリビアの大洪水による被害のニュースを，皆さんも見聞きしたのではないでしょうか．この課では，自然災害に関連する知識や語彙，表現を身につけることを目標にしましょう．

ウオームアップ

つぎに示すのは，「自然災害」と関係しているフランス語のキーワードです．①〜④の文はその説明です．それぞれの文は，どのキーワードの説明でしょうか．

> catastrophe naturelle　　　cercle vicieux
> écosystème forestier　　　impact dévastateur

① （フランス語　　　　　　　　　日本語訳　　　　　　　　　）

conséquences graves, dommages ou dégâts importants, pertes considérables ou destruction significative, causés par une action ou un événement d'origine naturelle ou artificielle ;

② （　　　　　　　　　　　　　　　　　　　　　　　　　　　）

situation problématique dont les conséquences vont en s'aggravant ;

③ （　　　　　　　　　　　　　　　　　　　　　　　　　　　）

événement grave et destructeur ayant des effets à la surface de la Terre, causé par les forces de la nature, tels que les tremblements de terre, les inondations et les cyclones ;

④ （　　　　　　　　　　　　　　　　　　　　　　　　　　　）

système écologique composé d'animaux, de plantes, de micro-organismes et de leurs interactions mutuelles au sein d'une forêt, et dont l'existence permet d'atténuer de manière importante les effets du changement climatique et de préserver la biodiversité.

| フランス語 | ▶ | **AI 翻訳** | ▶ | 日本語 |

フランスでは近年，森林火災が相次ぎ，甚大な被害をもたらしました．これにより，さらに地球温暖化が進むことも懸念されています．この問題に関連する記事を2種類の翻訳 AI を使って訳してみました．さて，正しく翻訳されているでしょうか．

1

まず AI 翻訳のポストエディットをする前に，翻訳する文で用いられている語彙，文法，文の構造の事前確認，つぎに 2 種類の AI の日本語訳を 3 段階で評価．ポストエディットをする必要がない場合は TB，ある場合は B か AB．ポストエディットをする必要がある場合は，AI 翻訳の問題があると思われる箇所にマーカーをひき指摘，つぎに加筆修正．また，AI の翻訳から学ぶべきところ，うまい翻訳があれば，それも指摘．

☐ **TB** (Très bien. Bravo !)　☐ **B** (Bien)　☐ **AB** (Assez bien)

(1) Depuis plusieurs années, les catastrophes naturelles s'aggravent en France, *en particulier* pour les incendies de forêt *dont* le nombre augmente *de manière préoccupante*. *Durant* l'été 2022, ce sont plus de 70 000 hectares qui sont partis en fumée, un chiffre 6 fois supérieur à *la moyenne* des 10 dernières années. 50 départements concernés par un sinistre *majeur*, *presque un sur deux*.

AI翻訳 事前確認　　[　]には日本語, (　)にはフランス語

語彙：en particulier　[　　　　　　　　　　　]；la moyenne　[　　　　　]；
　　　de manière préoccupante の（　　　　　　　　）＋形容詞は [　　　　　　　　　] の意味．
　　　de cette manière「このように」や de quelle manière「どんな風に」も憶えておきたい；
　　　durant　[　　　　　　　] は類語 pendant よりもやや文語的；
　　　majeur は名詞の後では [　　　　　] の意；
　　　presque un sur deux の前置詞 sur はここでは「比率」をあらわしており [　　　　　] の意．
　　　presque un département sur deux （　　　　　　　　　　）を意味するものと類推できる．
文法：dont le nombre augmente ～ の dont は関係代名詞で，先行詞は（
　　　　　　　　　　　　）．

AIの日本語訳

① ここ数年，フランスでは自然災害，特に森林火災が深刻化しており，その件数は憂慮すべきほどに増加している．2022 年の夏には 70,000 ヘクタール以上が煙に包まれ，この数字は過去 10 年間の平均の 6 倍に達した．50 部門が大規模災害に見舞われ，ほぼ 2 部門に 1 部門が影響を受けた．

☐ TB　☐ B　☐ AB

[　　　　　　　　　　　　　　　　　　　　　　　　　　　　　　　　　　　　　　　]

33

Leçon 3　Catastrophes naturelles

② ここ数年，フランスでは自然災害が深刻化しており，特に森林火災は心配なほど増えています．2022年の夏，7万ヘクタール以上が煙に包まれましたが，この数字は過去10年間の平均の6倍にもなります．50のデパートメントが大規模な災害の影響を受け，ほぼ2人に1人が被災しています．

☐ TB　☐ B　☐ AB

[   ]

(2)　Cette situation très inquiétante est une conséquence du réchauffement climatique, provoqué par l'augmentation *des* émissions de dioxyde de carbone, qui *rend les écosystèmes forestiers et leur environnement plus vulnérables*. La multiplication *des* périodes de canicule entraîne aussi une augmentation du risque d'incendies de forêt, car les températures élevées et la sécheresse privent la végétation de son humidité. Malheureusement, ce risque *n'est plus* seulement présent l'été. L'apparition d'incendies en hiver, *y compris* dans des zones montagneuses *où le manteau neigeux*, *ou plutôt son absence*, *n'assure plus une protection suffisante*.

AI翻訳 事前確認　　[　　]には日本語，(　　　)にはフランス語

語彙：rendre A B（B は形容詞）　[　　　　　　　　　　　]；ne … plus [　　　　　　　　]；
le manteau neigeux は逐語訳すれば「雪のマント」で，[　　　　　　　　] を指す．

文法：l'augmentation des émissions 〜 や La multiplication des périodes の des は前置詞
(　　) と定冠詞 (　　) が縮約したもの；
y compris（人・もの）は「〜を [　　　　　　]」の意味で，compris は (　　　　　　　)
の過去分詞から転じた形容詞であるが，後に続く名詞の性・数にかかわらず不変．

文の構造：関係詞節 où le manteau neigeux, ou plutôt son absence, n'assure plus une protection
suffisante の先行詞は (　　　　　　　　　　　　　　) で，（従来は）
冬になると雪の層が火災から十分に守ってくれていたのが，そうではなくなったこと，さらには雪の層そのものが生じなくなったために，冬期の山間部が火災から守られなくなってしまったことを説明している．

AIの日本語訳

① この非常に憂慮すべき状況は，二酸化炭素排出量の増加による地球温暖化の結果であり，森林生態系とその環境をより脆弱なものにしている．高温と干ばつが植生から水分を奪うため，熱波の増加も森林火災のリスクを高めている．残念ながら，このリスクはもはや夏に限ったことではない．火災は冬にも発生し，積雪のない山間部などでは，もはや十分な防雪対策がとられていない．

☐ TB　☐ B　☐ AB

[   ]

② この非常に心配な状況は，二酸化炭素の排出量の増加によって引き起こされる気候変動の結果であり，森林生態系とその環境をより脆弱にしています．熱波の頻発も，高温と乾燥によって植物が水分を奪われるため，森林火災のリスクが増加する原因となっています．残念ながら，このリスクはもはや夏に限られていません．冬にも火災が発生し始めており，雪の被覆（あるいはその不足）が十分な保護を提供しなくなった山岳地帯を含む場所でも発生しています．

[   ]

(3) La situation risque d'*empirer* puisque les quantités élevées de CO_2 relâchées dans l'atmosphère ne font qu'*exacerber* le réchauffement climatique. Les arbres qui absorbent *normalement* le CO_2 sont également détruits, *ce qui alimente davantage les incendies*. Si l'on *ne met pas un terme à* ce cercle vicieux, le nombre d'incendies continuera d'augmenter et aura *un impact dévastateur* sur la planète. *Dans le meilleur des cas*, il faudra des décennies pour rétablir *un semblant d'équilibre* dans la nature.

🖋 AI翻訳 事前確認　　[　　]には日本語,（　　）にはフランス語

語彙：empirer；[　　　　　　　　　] exacerber [　　　　　　　　　]；
　　　　normalement [　　　　　　　]；
　　　　mettre (← ne met pas) un terme à ～ [　　　　　　　]；
　　　　un semblant de ＋無冠詞名詞 [　　　　　　　　　].
文法：un impact dévastateur の dévastateur は他動詞（　　　　　　　）（～を荒廃させる）や英語の devastate と同語源の形容詞. impact dévastateur は [　　　　　　　]という意味.「荒廃をもたらす戦争」であれば, la guerre dévasta*trice* となる.
文の構造：ce qui alimente davantage les incendies の ce は, 関係代名詞 qui の先行詞で, その前の文全体の内容を指している. ce qui は [　　　　　　　] と訳すとよい；Dans le meilleur des cas の le meilleur は形容詞（　　　）の最上級.「いくつかのケースのなかでもっとも [　　] ケースの場合は」と後続の内容を限定している.

🏷 AIの日本語訳

① 大気中に放出される大量の二酸化炭素は地球温暖化を悪化させるだけなので, 状況はさらに悪化する可能性があります. 通常は CO_2 を吸収する木々も破壊され, 火災がさらに拡大します. この悪循環を止めなければ, 火災の数は増え続け, 地球に壊滅的な影響を与えることになります. 自然界のバランスをある程度回復するには, せいぜい数十年かかるでしょう.　□ TB □ B AB

[   ]

② 大気中に大量に放出された CO_2 は地球温暖化を悪化させるばかりで, 状況はさらに悪化しそうだ. 本来 CO_2 を吸収するはずの樹木も破壊され, さらに火災を助長している. この悪循環に終止符を打たなければ, 火災の数は増え続け, 地球に壊滅的な打撃を与えるだろう. 最良のシナリオでも, 自然のバランスを取り戻すには何十年もかかるだろう.　□ TB □ B AB

[   ]

② 「（プレエディット）＋ AI 翻訳＋ポストエディット＋逆翻訳」を繰り返して，つぎの文章の日本語訳を作成，事後確認，発表，提出.

Le discours du Président

　Après un été marqué par des feux de forêt gigantesques, la France doit *se doter d'*une « stratégie nouvelle », a estimé le président de la République en octobre 2022.

　« Pour beaucoup d'entre vous, *cet été **fut** une saison en enfer* », « l'enfer des flammes, de la fatigue, de la désolation », le président a exprimé sa solidarité avec les personnes touchées *aussi bien que* sa *reconnaissance* aux pompiers et aux autres personnes impliquées pour leur dévouement.

　Il a également reconnu que le changement climatique rend le risque de ce type d'incendie plus fréquent. Cet « été exceptionnel » ne « le sera peut-être pas autant » à l'avenir *en raison du* changement climatique, a prévenu le chef de l'État.

　La stratégie *consiste à* planter 1 milliard d'arbres *sur 10 ans* pour gérer durablement les forêts et préserver la biodiversité, *tout en améliorant la prévention des incendies et en renforçant les ressources de lutte contre les incendies.*

AI翻訳 事後確認　　[　]には日本語，（　）にはフランス語

語彙：se doter de 〜 [　　　　　　]；cet été fut une saison en enfer は Arthur Rimbaud の著名な詩集 *Une saison en enfer* (1873) を踏まえた表現. 単に「地獄のような季節」と述べているわけではないところをどのように翻訳するかが，工夫のしどころ；

aussi bien que [　　　　　　]；

reconnaissance（多義語なので要注意）[　　　　　]；en raison de 〜 [　　　　　]；

consister à 〜 [　　　　　]；

sur 10 ans の前置詞 sur はここでは「期間」をあらわしており [　　　　　　] の意.

文法：fut は，être の直説法単純過去形. 単純過去とは，書き言葉として，通常は文章の中でだけ用いられる過去. 日常会話における複合過去に相当するものとして，小説や歴史の叙述では単純過去が多用される. ここでは演説という改まった場での発言であり，文学的な表現が続く箇所でもあるため，単純過去形が選ばれたものと思われる；

Cet « été exceptionnel » ne « le sera peut-être pas autant » の（　　　）は中性代名詞で，属詞（　　　　　　　）の代わりに用いられている.「今年の例外的な夏は，おそらくそれほど例外的なものではなくなるだろう」つまり，「現時点では例外的と言える夏だったが，今後はそこまで例外的とは言えない状況になるだろう」と推測している.

文の構造：tout en améliorant … et en renforçant…contre les incendies の（　　　　　）と（　　　　　　　　　　　　）はジェロンディフで，「対立・譲歩」を表す用法（→ p. 92）. これに先立つ tout は，ジェロンディフにしばしば付加される「強調」の副詞. en améliorant と en renforçant の両方を強めて，これらのことを遂行しつつ，その傍らで(新戦略を展開する)，と新戦略のみに頼るのではないことを強調している.

日本語 ▶ **AI 翻訳** ▶ フランス語

日本はもともと自然災害に見舞われやすい国であり，それだけに対策を急がねばなりません．この現状に関する情報をフランス語で発信したいと思います．2種類の翻訳 AI を使って訳してみました．さて，正しく翻訳されているでしょうか．

③ フランス語訳の完成：2 種類の AI のフランス語訳を 3 段階で評価．ポストエディットをする必要がある場合は，AI 翻訳の問題があると思われる箇所にマーカーをひき問題点を指摘，つぎに加筆修正．最後にもう一度 2 つの翻訳を見て，「AI 翻訳に学ぶ」をやって表現力，アップ．

(1) 日本はもともと，地形や気候などの自然的条件ゆえに，台風，豪雨，地震，津波などの災害が発生しやすい国です．とりわけ日本の地形は急峻であるため，河川は急勾配であり，ひとたび大雨に見舞われると急激に流量が増加し，洪水などの災害が起きやすいのです．

① Le Japon a toujours été sujet à des catastrophes telles que les typhons, les pluies torrentielles, les tremblements de terre et les tsunamis en raison de conditions naturelles telles que la topographie et le climat. En particulier, la topographie abrupte du Japon rend les rivières escarpées et sujettes aux inondations et à d'autres catastrophes en raison de l'augmentation rapide du débit en cas de fortes pluies. ☐ TB ☐ B ☐ AB

[   ]

② Le Japon, en raison de ses conditions naturelles telles que sa topographie et son climat, est un pays propice aux catastrophes telles que les typhons, les fortes pluies, les tremblements de terre et les tsunamis. En particulier, en raison de son relief escarpé, le Japon possède des cours d'eau à forte pente, ce qui signifie que lors de fortes pluies, le débit augmente rapidement et rend ainsi les inondations et autres catastrophes plus fréquentes. ☐ TB ☐ B ☐ AB

[   ]

AI 翻訳に学ぶ なるほど，こうも言えるんだ！

「災害が発生しやすい」	① a toujours été sujet à des catastrophes	
	② ( )	
「豪雨」	① ( )	② les fortes pluies
「日本の地形は急峻であるため」	① la topographie abrupte du Japon rend…	
	② ( )	
「ひとたび大雨に見舞われると」	① ( )	② lors de fortes pluies

(2) 気候変動の予測をおこなうための数値モデルを開発した先駆者の一人として，2021 年の
ノーベル物理学賞に輝いた真鍋淑郎氏は，「気候モデルを使って計算すると，例えば 10
年に 1 回起こる洪水が，このごろは毎年起こっている」と述べ，また次のように警鐘を
鳴らしました.

① Yoshiro Manabe, qui a reçu le prix Nobel de physique en 2021 pour avoir été l'un
des pionniers du développement de modèles numériques permettant de prévoir le
changement climatique, a déclaré : « Les calculs effectués à l'aide de modèles climatiques
montrent que les inondations qui se produisaient une fois tous les dix ans, par exemple, se
produisent aujourd'hui tous les ans », a-t-il déclaré, tirant ainsi la sonnette d'alarme.

☐ TB ☐ B ☐ AB

[   ]

② En tant que pionnier dans le développement de modèles numériques pour les prévisions
relatives au changement climatique, M. Tsuguo Manabe, lauréat du prix Nobel de physique
en 2021 a déclaré : « Lorsque nous effectuons des calculs à l'aide de modèles climatiques,
nous constatons que les inondations qui se produisaient autrefois une fois tous les dix ans
se produisent maintenant chaque année ». Il a également sonné l'alarme de la manière
suivante :

☐ TB ☐ B ☐ AB

[   ]

AI翻訳に学ぶ　　なるほど，こうも言えるんだ！

「～として」	① pour avoir été ～	② ( )
「ノーベル賞に輝いた」	① qui a reçu le prix Nobel	② ( )
「予測をおこなうための」	① permettant de prévoir	② ( )
「このごろは毎年」	① aujourd'hui tous les ans	② ( )

(3) 「日本でも，大洪水がこれから最大の問題になってくる. 今までのやり方ではコントロー
ルできない. こういう問題は『将来，我々を悩ます』と言われていたが，そうじゃない.
大洪水，崖崩れ，これは現在の日本が直面する問題です.」

① « Au Japon, les grandes inondations seront le plus gros problème à l'avenir. Nous ne
pouvons pas les contrôler comme nous l'avons fait jusqu'à présent. On disait que ces
problèmes allaient "nous hanter dans le futur", mais ce n'est pas le cas. De grandes
inondations, des chutes de falaises, voilà les problèmes auxquels le Japon est confronté
aujourd'hui. »

☐ TB ☐ B ☐ AB

[   ]

② « Au Japon également, les inondations majeures deviennent de plus en plus préoccupantes.
Les méthodes utilisées jusqu'à présent ne permettent pas de les contrôler. Ces problèmes
sont considérés comme "préoccupants pour notre avenir", mais ce n'est pas le cas. Les

inondations majeures et les glissements de terrain sont des problèmes auxquels le Japon actuel est confronté. »

□ TB □ B □ AB

[   ]

 AI翻訳に学ぶ　なるほど，こうも言えるんだ！

「大洪水」	① les grandes inondations	② ( )
「将来，われわれを悩ます」	① (aller) nous hanter dans le futur	
	② ( )	
「崖崩れ」	① ( )	② les glissements de terrain
「現在の日本が直面する問題」	① les problèmes auxquels le Japon est confronté aujourd'hui	
	② ( )	

4 「(プレエディット)＋AI翻訳＋ポストエディット＋逆翻訳」を繰り返して，フランス語でスピーチしたりネットで発信したりするための原稿を作成，発表，提出．

 自分の考えを日本語で300字以上で書いて，それをフランス語にAI翻訳します．その後，Pre-edit → Post-edit → Back-translation を繰り返し，フランス語の文章の完成度を上げます．

今回のお題は，「防災のために私たち各自ができること」．

5 自然災害から身を守るために，私たち個人は何をすべきか，ChatGPTなどの生成AIとフランス語で対話してみましょう．まず，Que devrions-nous faire personnellement pour nous préparer aux catastrophes naturelles ? と言ってチャットを始めます．「AIと Chat ! Chat ! で使える表現」（80ページ）を参考にして，チャットを続けましょう．

文法の復習　～文法を AI 翻訳に役立てよう！

この課では，中性代名詞の le が用いられています．男性単数名詞につける定冠詞の le や，直接目的語となる男性単数名詞に代わる人称代名詞の le と形が同じなので，混同しないよう注意しましょう．中性代名詞は，「中性」というネーミングがあらわす通り，性・数によって形が変わることがなく，同じ言葉の反復を避けてスマートに表現する手段として，日常会話においてもよく使われます．詳しくは94ページを見てください．

Leçon 3　Catastrophes naturelles

Leçon 4

Destruction de la nature – déforestation

自然破壊―森林伐採

自然環境や生態系保全への配慮がなされずに，むやみに自然開発を行うことを乱開発と言いますが，自然を破壊しながら農地開拓や都市化などを推進していくといった，さまざまな種類の乱開発があります．ここでは自然破壊，特に最近問題になっている森林伐採について取り上げます．

ウオームアップ

つぎに示すのは，「森林伐採」と関係しているフランス語のキーワードです．①～④の文はその説明です．それぞれの文は，どのキーワードの説明でしょうか．

[couvert forestier　　　　　déforestation
dégradation forestière　　services écosystémiques]

① （フランス語　　　　　　　　日本語訳　　　　　　　　）

le processus par lequel les forêts sont délibérément détruites ou converties en terres non forestières, entraînant la perte permanente de la couverture forestière；

② （　　　　　　　　　　　　　　　　　　　　　　　　　）

l'ensemble formé par les cimes des arbres d'une forêt. Celui du monde entier est un indicateur de l'état de santé de la planète；

③ （　　　　　　　　　　　　　　　　　　　　　　　　　）

réduction de la densité de la biomasse des arbres due à des causes naturelles ou à l'action de l'homme comme les feux de forêt, les chablis et d'autres événements；

④ （　　　　　　　　　　　　　　　　　　　　　　　　　）

rendent la vie humaine possible, par exemple en fournissant des aliments nutritifs et de l'eau propre, en régulant les maladies et le climat, en contribuant à la pollinisation des cultures et à la formation des sols et en fournissant des avantages récréatifs, culturels et spirituels.

森林破壊は，開発途上で森林が失われつつある国の問題であるのはもちろんですが，その開発に関わる国，そして人々をも含む全世界的な課題といえるでしょう．2種類の翻訳AIを使って訳してみました．さて，正しく翻訳されているでしょうか．

1

まず AI 翻訳のポストエディットをする前に，翻訳する文で用いられている語彙，文法，文の構造の事前確認，つぎに2種類の AI の日本語訳を3段階で評価．ポストエディットをする必要がない場合は TB，ある場合は B か AB．ポストエディットをする必要がある場合は，AI 翻訳の問題があると思われる箇所にマーカーをひき指摘，つぎに加筆修正．また，AI の翻訳から学ぶべきところ，うまい翻訳があれば，それも指摘．

☐ **TB** (Très bien. Bravo !)　☐ **B** (Bien)　☐ **AB** (Assez bien)

(1) La déforestation, la perte de surface forestière pour *rendre possible d'autres utilisations des terres*, ou la réduction importante du couvert forestier, *se distingue de* la dégradation forestière, qui représente l'altération *des* qualités de la forêt, *autrement dit* de la biodiversité ou *des* services écosystémiques.

✏️ AI翻訳 事前確認　　[　]には日本語，(　)にはフランス語

語彙：autrement dit　[　　　　　　]；
rendre possible d'autres utilisations des terres の rendre は，rendre A B の形で用いると「A を B に [　　　　] という意味になる．ここでは，A は (　　　　　　　　　　　) で B は (　　　　) であるが，BA の順に並べられている．

文法：se distingue は代名動詞 (　　　　　　　) の受動的用法 [　　　　　　　]；
l'altération des qualités de la forêt 〜 と des services écosystémiques の des は前置詞 (　　) と定冠詞 (　　) が縮約したもの．

文の構造：se distinguer は，「〜と区別される」という意味のときは，必ず補語に前置詞 (　　) を伴う．

💬 AIの日本語訳

① 森林減少とは，他の土地利用のために森林面積が減少すること，または森林被覆が著しく減少することであり，森林劣化とは森林の質，つまり生物多様性や生態系サービスの変化を意味する．

☐ **TB**　☐ **B**　☐ **AB**

[　　　　　　　　　　　　　　　　　　　　　　　　　　　　　　　　　　　　]

② 他の土地利用を可能にするための森林面積の損失，または森林面積の大幅な減少である森林破壊は，森林の質，言い換えれば生物多様性や生態系サービスの変化を表す森林劣化とは異なります．

☐ **TB**　☐ **B**　☐ **AB**

[　　　　　　　　　　　　　　　　　　　　　　　　　　　　　　　　　　　　]

(2) *L'expansion agricole* est la cause principale de la déforestation en *zone tropicale*. Plus de *la moitié de* la déforestation dans le monde *est directement liée* à la *conversion des* forêts *en zones de culture* ou *de pâturage*.

🐾 AI翻訳 事前確認　　[　　]には日本語，（　　）にはフランス語

語彙：expansion agricole　[　　　　　　　　　　]；zone tropicale　[　　　　　　　　]；
la moitié de 〜　[　　　　　　　　　]；zone de culture　[　　　　　　　]；
(zone) de pâturage　[　　　　　　　].

文法：conversion des forêts 〜 の des は前置詞（　　　）と定冠詞（　　　）が縮約したもの；
la convestion de A（　　　）B で，「A から B への転換」を表す．動詞 convertir「転換する」
もやはり，前置詞（　　　）を用いる．この前置詞（　　　）の後は原則として無冠詞名詞.

文の構造：est (directement) liée は，動詞（　　　）の受動態（→ p. 95）．この受動態の主語（主部）
は（　　　　　　　　　　　　　　）で（　　　　　　）が
女性名詞のため，過去分詞が女性形となっている.

🐾 AIの日本語訳

① 熱帯地域における森林破壊の主な原因は農業の拡大である．世界の森林減少の半分以上は，森林
を農地や放牧地に転換することに直接関係している．　　　　　　□ **TB**　□ **B**　□ **AB**

[　　　　　　　　　　　　　　　　　　　　　　　　　　　　　　　　　　　　　　　]

② 熱帯地方における森林破壊の主な原因は農業の拡大です．世界の森林破壊の半分以上は，森林の
農地や牧草地への転換に直接関係しています．　　　　　　　□ **TB**　□ **B**　□ **AB**

[　　　　　　　　　　　　　　　　　　　　　　　　　　　　　　　　　　　　　　　]

(3) *En* Asie du Sud-Est, *les cultures de palmiers à huile et **dorénavant** d'hévéa*, occupent *sans cesse de plus en plus d'*espace, *au détriment des* forêts. En 2019, en Amazonie, 11 088 *km²* de forêt brésilienne *ont disparu*. Dans le *bassin* du Congo, l'*augmentation* de la *demande en bois de chauffage* et l'expansion de l'*agriculture vivrière causent* une *dégradation* des forêts *de plus en plus préoccupante*.

🐾 AI翻訳 事前確認　　[　　]には日本語，（　　）にはフランス語

語彙：les culture de palmiers à l'huile [　　　　　　　　]；dorénavant　[　　　　　　]；
sans cesse　[　　　　　　　　]；de plus en plus de　[　　　　　　]；
au détriment de　[　　　　　　]；
km² は kilomètre(s)（　　　　　　　　(s)）と発音する；basin　[　　　　　　]；
augmentation　[　　　　　　]；bois de chauffage　[　　　　　　]；
agriculture vivière　[　　　　　　]；dégradation　[　　　　　　].

文法：「アジア大陸で」（　　　　　）Asie．大陸名を表す名詞に先立つ前置詞は，国名を表す名詞に先

立つ前置詞と同じである．7 つの大陸名には男性名詞であるものと女性名詞であるものの両方があるが，すべて母音で始まっているため，単数の場合は，それに先立つ前置詞は常に（　　　　）である；

ont disparu は動詞（　　　　　　　）「［　　　　　　］」の複合過去；

形容詞 préoccupante ［　　　　　］は名詞（　　　　　）を修飾しているために女性形；

la demande（　　）A「A の需要」；

2 行目の de plus en plus は，後ろに（　　　）を伴い，さらに名詞が続いているため，［　　　　　　　］の表現となっている．それに対して，5 行目の de plus en plus は形容詞（　　　　　　　）を修飾しているので，品詞は［　　　　　　　　］（句）である．

文の構造：動詞 causent の主語は（　　　　　　　　　　　）と（　　　　　　　　　　）の 2 つがあるため，3 人称複数形となっている．

 AIの日本語訳

① 東南アジアでは，アブラヤシ，そして現在ではゴムのプランテーションがますます多くの場所を占め，森林に悪影響を及ぼしている．2019 年には，ブラジルのアマゾンで 11,088km^2 の森林が消失した．コンゴ盆地では，薪の需要の増大と自給的農業の拡大により，森林の劣化が懸念されている． □ TB □ B AB

［　　　］

② 東南アジアでは，アブラヤシ作物，そして現在はゴムの木が絶えずより多くの場所を占めており，森林に損害を与えています．2019 年，アマゾンでは 11,088 平方キロメートルのブラジル森林が消失した．コンゴ盆地では，薪の需要の増加と自給自足農業の拡大により，森林劣化の懸念がますます高まっています． □ TB □ B AB

［　　　］

La France et la déforestation

En 2017, le ministère de la Transition écologique et solidaire, le ministère de l'Agriculture et de l'Alimentation, *ainsi que* deux autres ministères en France, ont adopté *conjointement* la « Stratégie nationale de lutte contre la déforestation importée (SNDI) » pour la réduction des émissions de gaz à effet de serre et préserver la biodiversité liée aux produits agricoles et forestiers qui contribuent à la déforestation dans leurs pays d'origine. Cette stratégie *vise à* atteindre un niveau zéro de déforestation *due aux* importations *d'ici* 2030 et propose 17 mesures pour *lutter contre* la déforestation liée à certains produits agricoles et forestiers, *tels que* le soja, l'huile de palme, la viande bovine, le cacao, le bois, etc. Ces mesures comprennent la création d'une plateforme nationale *impliquant* des entreprises, des *ONG* et des organismes gouvernementaux pour la promotion de la *mise en œuvre* et la surveillance de cette « déforestation zéro », l'engagement *envers* les régions exportatrices *au moyen de* l'aide au développement et la nécessité d'intégrer cet l'objectif de « déforestation zéro » pour le développement des marchés publics et du secteur agricole, pour la promotion de la diversification alimentaire et produits de substitution, et la *mise en place* aussi de limites sur l'usage de *matières premières issues de* la déforestation pour les *biocarburants*, etc.

AI翻訳 事後確認　　[　　]には日本語, (　　)にはフランス語

語彙： ainsi que [　　　　　　　　] ; conjointement [　　　　　　　] ;
　　　 viser à (aux) ～ [　　　　　　　　] ; dû (due) à (aux) ～ [　　　　　] ;
　　　 d'ici ～ [　　　　　　　] ; lutter contre ～ [　　　　　　] ;
　　　 tel(s) que ～ [　　　　　　　] ; ONG [　　　　　　　] ;
　　　 mise en œuvre [　　　　　　　] ; envers ～ [　　　　　　　] ;
　　　 au moyen de ～ [　　　　　] ; mise en place [　　　　　] ;
　　　 matière(s) première(s) [　　　　　　] ;
　　　 issu(e)(s) de [　　　　　　　] ; biocarburant(s) [　　　　　　　].
文法： impliquant は動詞（　　　　　）の現在分詞で，impliquant des entreprises, des ONG et des organismes gouvernementaux 全体が（　　　　　　　）を修飾する現在分詞の形容詞的用法（→ p. 92）.

日本語 ▶ **AI 翻訳** ▶ フランス語

世界では森林の伐採による開発が問題になりますが，森林の豊富な日本では少々様子が違うようです．WWF や地方自治体などの広報をもとに作成した文章をフランス語に訳して海外に発信したいと思います．2 種類の翻訳 AI を使って訳してみました．さて，正しく翻訳されているでしょうか．

③ フランス語訳の完成：2 種類の AI のフランス語訳を 3 段階で評価．ポストエディットをする必要がある場合は，AI 翻訳の問題があると思われる箇所にマーカーをひき問題点を指摘，つぎに加筆修正．最後にもう一度 2 つの翻訳を見て，「AI 翻訳に学ぶ」をやって表現力，アップ．

(1) 日本は森林の割合（森林率）が国土の **67%** を占め，森林大国と言われています．また日本の国土の約 7 割を森林が占めます．面積に換算すると約 2,500 万ヘクタールです．日本では過去 40 年間，森林面積は横ばいですが，森林蓄積が増加しています．森林蓄積とは木材を構成する樹木の幹の体積のことです．

① Le Japon est considéré comme une puissance forestière avec 67% de ses terres couvertes de forêts (ratio forestier). Environ 70% de la superficie terrestre du Japon est couverte de forêts. Convertie en superficie, elle est d'environ 25 millions d'hectares. Au cours des 40 dernières années, la superficie forestière du Japon est restée constante, mais l'accumulation de forêts a augmenté. Le stock forestier est le volume de troncs d'arbres qui composent le bois. □ TB □ B □ AB

[   ]

② Le Japon est considéré comme un pays riche en forêts, avec 67 % de sa superficie couverte par des forêts (ratio de forêts). Les forêts couvrent environ 70 % de la superficie du Japon. En termes de superficie, cela représente environ 25 millions d'hectares. Au Japon, la superficie forestière est restée stable au cours des 40 dernières années, mais l'accumulation de forêts a augmenté. L'accumulation forestière est le volume des troncs d'arbres qui constituent le bois d'œuvre. □ TB □ B □ AB

[   ]

🍃 AI 翻訳に学ぶ　　なるほど，こうも言えるんだ！

「森林大国」	① une puissance forestière	② (	)
「横ばい（のまま）」	① (	)	② rester stable
「森林蓄積」	① stock forestier	② (	)

45

Leçon 4　Destruction de la nature – déforestation

(2) 森林蓄積は，資源量がどれくらいあるかということの目安にもなります．森林面積は横ばいなのですが，森林蓄積が年々増加しています．これは自国で森林を伐採することにより採取できる木材を使っていないこと，つまり私たちが使用している木材は輸入に頼っているということになります．国内産の木材は価格が高く，海外産は安いといった背景があります．

① L'accumulation de forêts est également une mesure de la quantité de ressources disponibles. Bien que la superficie forestière reste plate, l'accumulation de forêts augmente d'année en année. Cela signifie que nous n'utilisons pas de bois qui peut être récolté en abattant nos propres forêts, ce qui signifie que nous dépendons des importations pour le bois que nous utilisons. On sait que le prix du bois d'œuvre canadien est élevé et que le prix du bois d'œuvre étranger est bon marché.

☐ **TB**　　**B**　　**AB**

[   ]

② L'accumulation de la forêt est également un indicateur de la quantité de ressources disponibles. La superficie forestière est restée inchangée, mais l'accumulation des forêts augmente d'année en année. Cela signifie que nous n'utilisons pas le bois qui pourrait être extrait en coupant les forêts dans notre propre pays, ce qui signifie que nous dépendons des importations pour le bois que nous utilisons. Cette situation s'inscrit dans un contexte de prix élevés pour le bois domestique et de prix bas pour le bois étranger.

☐ **TB**　　**B**　　**AB**

[   ]

AI翻訳に学ぶ　　なるほど，こうも言えるんだ！

「目安」　　① mesure　　　② (   )
「伐採して」　① en abattant　② (   )

(3) 今，世界で起きている森林破壊には，日本も深く関係しています．日本人が暮らしの中で利用しているさまざまな産品や原料などが，時に世界の森を破壊する形でつくられているためです．世界的には森林面積が減少し，特に森林率の低い発展途上国において，生活のため過度の伐採が深刻な問題となっている中で，日本の豊富な森林資源が利用されずに放置されている状況は深刻な現実と言えるでしょう．

① Le Japon est profondément impliqué dans la déforestation qui se produit dans le monde aujourd'hui. En effet, les divers produits et matières premières que les Japonais utilisent dans leur vie quotidienne sont parfois produits d'une manière qui détruit les forêts du monde. Les zones forestières sont en déclin dans le monde entier, et en particulier dans les pays en développement à faible couverture forestière, l'exploitation forestière excessive pour les moyens de subsistance devient un grave problème. Les abondantes ressources forestières du Japon ne sont pas exploitées. La situation est une grave réalité.

[   ]

② Le Japon est profondément impliqué dans la déforestation qui a lieu dans le monde aujourd'hui. En effet, divers produits et matières premières que les Japonais utilisent dans leur vie quotidienne sont produits d'une manière qui détruit parfois les forêts du monde. La superficie des forêts diminue dans le monde entier, en particulier dans les pays en voie de développement où l'exploitation forestière excessive à des fins de subsistance constitue un grave problème. Les abondantes ressources forestières du Japon ne sont pas exploitées. Cette situation est une grave réalité. ☐ TB   ☐ B   ☐ AB

[   ]

AI 翻訳に学ぶ   なるほど，こうも言えるんだ！

「起きている」	① ( )	② a lieu
「減少し（ている）」	① sont en déclin	② ( )
「発展途上国」	① ( )	② les pays en voie de développement

4 「(プレエディット)＋AI 翻訳＋ポストエディット＋逆翻訳」を繰り返して，フランス語でスピーチしたりネットで発信したりするための原稿を作成，発表，提出.

自分の考えを日本語で 300 字以上で書いて，それをフランス語に AI 翻訳します．その後，Pre-edit → Post-edit → Back-translation を繰り返し，フランス語の文章の完成度を上げます．

今回のお題は，「世界の森林伐採と日本の未来」．

5 世界の森林伐採に対処するために，日本の若者がするべきことについて，ChatGPT などの生成 AI とフランス語で対話してみましょう．まず，Afin de faire face à la déforestation dans le monde, qu'est-ce que les jeunes japonais doivent faire ? と言ってチャットを始めます．「AI と Chat！Chat！で使える表現」（80 ページ）を参考にして，チャットを続けましょう．

文法の復習 ～文法を AI 翻訳に役立てよう！

この課では，受動態，受動的な意味を持つ文が少なからず出てきました．受動的な意味を表す表現は，[être ＋過去分詞] の受動態だけではありません．詳しくは 95 ページを見て表現の幅を広げましょう.

Leçon 5

Érosion de la biodiversité
生物多様性の減少

異常気象・温暖化・乱開発・自然破壊が生態系の多様性に大きな打撃を与えています．この課では，生物多様性の減少の実態とフランスの取り組みに関連する語彙，表現を身につけることを目標にしましょう．

 ウオームアップ

つぎに示すのは，「生物多様性」と関係しているフランス語のキーワードです．①〜④の文はその説明です．それぞれの文は，どのキーワードの説明でしょうか.

> biodiversité   écosystème
> espèce menacée   habitat

① （フランス語   日本語訳   ）

ensemble des êtres vivants qui coexistent au sein d'un même milieu, ou d'un environnement spécifique, et qui interagissent entre eux et avec ce milieu ;

② （   ）

aire écologique, ou environnementale, susceptible d'accueillir des espèces particulières de plantes ou d'animaux ou d'autres types d'organismes vivants ;

③ （   ）

tous les animaux et les végétaux qui risquent de disparaître à cause des effets de l'activité humaine sur leur milieu de vie et qu'il faut, par conséquent, protéger ;

④ （   ）

diversité des organismes vivants envisagée du point de vue de la diversité des espèces, de celle des gènes au sein de chaque espèce, de l'organisation et de la répartition des écosystèmes.

フランス語 ▶ **AI 翻訳** ▶ 日本語

 生物多様性が脅かされています．フランスの現状と生物多様性の減少を防ぐための取り組みに関するテクストを 2 種類の翻訳 AI を使って訳してみました．さて，正しく翻訳されているでしょうか．

1 まず AI 翻訳のポストエディットをする前に，翻訳する文で用いられている語彙，文法，文の構造の事前確認，つぎに 2 種類の AI の日本語訳を 3 段階で評価．ポストエディットをする必要がない場合は TB，ある場合は B か AB．ポストエディットをする必要がある場合は，AI 翻訳の問題があると思われる箇所にマーカーをひき指摘，つぎに加筆修正．また，AI の翻訳から学ぶべきところ，うまい翻訳があれば，それも指摘．

☐ **TB** (Très bien. Bravo !)　☐ **B** (Bien)　☐ **AB** (Assez bien)

(1) L'*usage* du terme « biodiversité » est *assez* récent mais la diversité biologique est *cruciale* pour l'homme *depuis toujours*. La biodiversité représente la variété de la vie sur Terre, *sous toutes ses formes*, *depuis* les bactéries *jusqu'aux* plantes et *aux* animaux, et *à* l'ensemble de leurs écosystèmes.

✎ **AI 翻訳 事前確認**　　[　　]には日本語,（　　）にはフランス語

語彙：usage ［　　　　　］；assez ［　　　　　］；crucial(e) ［　　　　　］；
depuis toujours ［　　　　　　　　　］；depuis A jusqu'à B ［　　　　　　　　　］.
文法：sous toutes ses formes の ses は前に置かれた ［　　　　　］ を指す；
jusqu'aux の aux は前置詞（　　）と定冠詞（　　）が縮約したもの.

49

📝 AIの日本語訳

① 「生物多様性」という用語が使われるようになったのはごく最近のことですが，生物多様性は常に人間にとって重要なものです．生物多様性は，細菌から植物や動物，そしてそれらの生態系に至るまで，あらゆる形態の地球上の生命の多様性を表します．　　　　　☐ **TB**　**B**　**AB**

［　　　　　　　　　　　　　　　　　　　　　　　　　　　　　　　　　　　　］

② 生物多様性という言葉は比較的最近のものですが，生物多様性は常に人類にとって極めて重要なものでした．生物多様性とは，バクテリアから動植物まで，あらゆる形態の地球上の生命と，その生態系の多様性を表しています．　　　　　☐ **TB**　**B**　**AB**

［　　　　　　　　　　　　　　　　　　　　　　　　　　　　　　　　　　　　］

(2) La France possède un *riche* patrimoine naturel dans *ses territoires d'outre-mer* et en métropole : *on estime* qu'*environ* 10 % des espèces *connues* sur la planète vivent *à l'heure actuelle* sur le territoire français *au sens large*.

AI翻訳 事前確認   [   ]には日本語，（   ）にはフランス語

語彙：riche ［   ］；on estime que ［   ］；
environ ［   ］；à l'heure actuelle ［   ］；
au sens large ［   ］．
文法：ses territoires d'outre-mer の ses は（   ）を受けている．
文の構造：connues は（   ）の過去分詞で，その前の（   ）を修飾している．こ
のような用法は，過去分詞の形容詞的用法（→ p. 97）と呼ばれる．

AIの日本語訳

① フランスには，フランスの海外領土と大都市に豊かな自然遺産があります．現在，地球上の既知
の種の約 10% が広義のフランス領土に生息していると推定されています． ☐ TB B AB

［   ］

② フランスは，海外領土とフランス本土に豊かな自然遺産を有しており，現在，世界で知られてい
る種の約 10%が広義のフランスに生息していると推定されています． ☐ TB B AB

［   ］

(3) L'érosion de la biodiversité *qui est devenue apparente non seulement* en France *mais aussi* dans le monde entier, *est causée principalement par* les *activités humaines :* la destruction des habitats, la surexploitation, les différentes formes de pollution, le changement climatique, les invasions biologiques, etc.

AI翻訳 事前確認   [   ]には日本語，（   ）にはフランス語

語彙：non seulement A mais aussi B ［   ］；principalement ［   ］．
文法：qui est devenue apparente の est devenu は（   ）の複合過去で，関係代名詞 qui
の先行詞は（   ）；また，est causée… par の主語も（   ）
である．
文の構造：activités humaines の後の「：」は［   ］を表す．具体的な人間の活動が「：」以下
に列挙されている．

AIの日本語訳

① フランスだけでなく世界中で明らかになっている生物多様性の侵食は，主に人間の活動，つまり
生息地の破壊，乱獲，さまざまな形態の汚染，気候変動，生物侵入などによって引き起こされて
います． ☐ TB ☐ B AB

[   ]

② フランスだけでなく，世界中で顕在化している生物多様性の低下は，生息地の破壊，乱獲，さまざまな汚染，気候変動，生物侵入など，主に人間の活動によって引き起こされています．

☐ TB ☐ B AB

[   ]

(4) En France, *plusieurs mesures ont été mises en place* pour protéger la biodiversité, *en renforçant* la protection des milieux naturels et des espèces menacées, et *en améliorant* la sensibilisation du public à l'importance de *celle-ci*.

AI翻訳 事前確認　　[　　　]には日本語，(　　　)にはフランス語

語彙：plusieurs　[　　　　　　　　]；mesure(s)　[　　　　　　　]；
　　　　mettre（← mises）en place　[　　　　　　　　　　].
文法：ont été mises en places は mettre en place の受け身の複合過去．mises は（　　　　　　）の過去分詞で，主語の plusieurs mesures と性数一致している．
文の構造：en renforçant …, et en améliorant … はそれぞれ，動詞（　　　　　　　　　　）と
　　　　（　　　　　　　　　　）の現在分詞で，ジェロンディフ（en ＋現在分詞）で「〜によって（手段）」と訳す（→ p. 92）；指示代名詞 celle-ci は（　　　　　　　　　　）を指す．

AIの日本語訳

① フランスでは，自然環境や限りある種の保護を強化し，生物多様性の重要性に対する国民の意識を高めるなど，生物多様性を守るための幅広い幅広くが実施されています．　☐ TB ☐ B AB

[   ]

② フランスでは，自然環境や絶滅危惧種の保護を強化し，生物多様性の重要性に対する国民の意識を高めるなど，生物多様性を守るためのさまざまな施策が実施されています．

☐ TB ☐ B AB

[   ]

② 「(プレエディット) ＋ AI 翻訳＋ポストエディット＋逆翻訳」を繰り返して，つぎの文章の日本語訳を作成，事後確認，発表，提出.

L'influence de la chaleur hivernale sur les abeilles

En hiver, l'activité des abeilles *devrait* normalement ralentir, mais récemment au jardin du Luxembourg à Paris, elles *se sont montrées actives même* durant la saison hivernale. Quand la température atteint 10°C, les abeilles sortent pour se nourrir mais elles se fatiguent vite car les ressources sont insuffisantes. Cela peut causer un problème : à 5 – 6 °C, les abeilles consomment environ 500 grammes de miel *par mois* ; *en sortant par temps plus chaud*, elles *en* consomment jusqu'à *4 fois plus*, ce qui *met en danger* l'essaim *en épuisant* les réserves de miel.

Les apiculteurs installent des pains de sucre dans les ruches pour *éviter que les abeilles ne **meurent de faim***. Cependant, si une vague de chaleur est suivie d'un retour brusque du froid, cela peut entraîner la disparition de l'essaim. Une floraison prématurée des arbres attire les abeilles qui sortent butiner, mais *un coup de froid ultérieur peut les empêcher de* nourrir suffisamment leurs larves : toute la colonie *risque* alors *de* mourir. Le taux de mortalité des ruches est maintenant d'environ 30 %, *contre* 15 % *il y a* quelques années. Ce problème n'est pas limité aux seules abeilles car *c'est toute la nature qui* souffre de ces perturbations climatiques.

AI翻訳 事後確認　　[　]には日本語, (　)にはフランス語

語彙：devrait は (　　　　　　) の条件法現在で，「であるにちがいないだろう」と訳す；même ［　　　］；
par mois ［　　　　］；par temps plus chaud ［　　　　　　　］；4 fois ［　　　　　］；
mettre (← mis) en danger ［　　　　　］；mourir (← meurent) de faim ［　　　　　］；
risquer (← risque) de 不定詞 ［　　　　　　　］；contre ［　　　　　］；
il y a はここでは「〜がある」ではなく (　　　　　　　　).

文法：se sont montrées actives は se montrer actives の複合過去. 代名動詞の複合過去では助動詞として (　　　　　) が用いられる. 過去分詞の montrées は主語 elles と性数一致している.
en sortant は, (　　　　　) の現在分詞で, en ＋現在分詞は，ジェロンディフ (→ p. 92) で手段「〜によって」を表す；
elles en consomment 4 fois plus の en は代名詞で，ここでは ［　　　　　　　］ を指し,
plus は beaucoup の比較級で「より多くの」という意味なので ［　　　　　　　］ と訳す；
en épuisant は (　　　　　　) のジェロンディフで，条件「〜すれば」を表す；
éviter que les abeilles ne meurent de faim の meurent は動詞 (　　　　　) の接続法現在,
ne は否定の意味のない虚辞の ne なので, ［　　　　　　　　　］ と訳す.

文の構造：un coup de froid ultérieur peut les empêcher de nourrir…の主語は un coup de froid ultérieur で, les は empêcher の直接目的語であり (　　　　　　　) を指す；
c'est toute la nature qui の c'est…qui は主語を強調する強調構文.

日本語 ▶ **AI 翻訳** ▶ フランス語

日本の国立環境研究所によると，日本の生物多様性も温暖化によって脅かされています．日本の状況をフランス語に訳して海外に発信したいと思います．2種類の翻訳 AI を使って訳してみました．さて，正しく翻訳されているでしょうか．

③ フランス語訳の完成：2種類の AI のフランス語訳を3段階で評価．ポストエディットをする必要がある場合は，AI 翻訳の問題があると思われる箇所にマーカーをひき問題点を指摘，つぎに加筆修正．最後にもう一度2つの翻訳を見て，「AI 翻訳に学ぶ」をやって表現力，アップ．

(1) 異常気象と温暖化は，日本の生態系に多くの影響を与えています．たとえば，温暖化による海水温上昇は，沖縄や鹿児島のサンゴ礁に大きな脅威をもたらします．高水温が持続すると，サンゴが共生する藻類が失われ，サンゴが白くなる「コーラルブリーチ」と呼ばれる現象が起こってしまいます．この状態が長期化すると，サンゴが大量に死滅し，サンゴ礁の生態系が崩壊する恐れがあります．

① Les conditions météorologiques extrêmes et le réchauffement climatique ont de nombreux impacts sur les écosystèmes du Japon. Par exemple, la hausse des températures de la mer due au réchauffement climatique constitue une grande menace pour les récifs coralliens d'Okinawa et de Kagoshima. Un phénomène appelé "blanchiment des coraux" se produit lorsque le corail devient blanc. Si cette situation perdure pendant longtemps, les coraux mourront en grand nombre et l'écosystème des récifs coralliens risque de s'effondrer.

☐ TB ☐ B ☐ AB

[   ]

② Les conditions météorologiques anormales et le réchauffement climatique ont un certain nombre d'incidences sur les écosystèmes du Japon. Par exemple, la hausse des températures de la mer due au réchauffement climatique constitue une menace majeure pour les récifs coralliens d'Okinawa et de Kagoshima. Si les températures élevées de l'eau persistent, les algues avec lesquelles le corail coexiste disparaîtront, provoquant un phénomène connu sous le nom de "blanchiment du corail", au cours duquel le corail devient blanc. Si cette situation persiste pendant une période prolongée, les coraux peuvent mourir en grand nombre et l'écosystème des récifs coralliens peut s'effondrer.

☐ TB ☐ B ☐ AB

[   ]

Leçon 5　Érosion de la biodiversité

「～と呼ばれる現象」　① un phénomène appelé　② (　　　　　　　　　　　　　　　　)

「崩壊する恐れがある」　① (　　　　　　　　　　　　)　② peut s'effondrer

(2)　また，日本の樹木の開花時期も温暖化で変化しています．桜の開花が従来よりも早くなったり，秋の紅葉が遅れたりすると，花と昆虫や鳥類との関係が乱れ，受粉や種子散布などの生態系プロセスが影響を受けています．たとえば，北海道のエゾエンゴサクの開花時期とハチの飛び回るタイミングがずれてきているという報告があります．これが長期的に続けば，木もハチも数が減り，そのどちらもが絶滅する可能性があります．

① La saison de floraison des arbres japonais change également en raison du réchauffement climatique. La floraison plus précoce des fleurs de cerisier et le feuillage d'automne plus tardif en automne ont perturbé la relation entre les fleurs, les insectes et les oiseaux, affectant les processus écosystémiques tels que la pollinisation et la dispersion des graines. Par exemple, il existe un rapport selon lequel le moment de la floraison de Corydalis japonicum à Hokkaido et le moment du vol des abeilles ont changé. Si cela continue sur le long terme, le nombre d'arbres et d'abeilles diminuera, et les deux pourraient disparaître.　☐ TB　☐ B　☐ AB

[　　　　　　　　　　　　　　　　　　　　　　　　　　　　　　　　　　　]

② La période de floraison des arbres au Japon change également en raison du réchauffement climatique. La floraison plus précoce que d'habitude des cerisiers et la coloration plus tardive que d'habitude des feuilles d'automne perturbent la relation entre les fleurs, les insectes et les oiseaux, ce qui affecte les processus écosystémiques tels que la pollinisation et la dispersion des graines. Par exemple, il a été rapporté que le moment de la floraison de l'épicéa Ezo à Hokkaido n'est plus en phase avec le moment des vols d'abeilles. Si cette situation se poursuit à long terme, le nombre d'arbres et d'abeilles pourrait diminuer et ces deux espèces pourraient disparaître.　☐ TB　☐ B　☐ AB

[　　　　　　　　　　　　　　　　　　　　　　　　　　　　　　　　　　　]

AI翻訳に学ぶ　なるほど，こうも言えるんだ！

「これが長期的に続けば」　① (　　　　　　　　　　　　　　　　)

　　　　　　　　　　　　② Si cette situation se poursuit à long terme

(3)　気候変動と生物多様性は複雑に絡み合った問題です．気候変動と生物多様性の関係に光をあて，従来別個に取り組まれていた生物多様性保全と気候変動対策の両方を同時に考えていく必要があります．

① Le changement climatique et la biodiversité sont des questions étroitement liées. Il est nécessaire de faire la lumière sur la relation entre le changement climatique et la biodiversité, et de concevoir des contre-mesures en considérant à la fois la conservation de la biodiversité et les contre-mesures du changement climatique, qui ont été abordées séparément dans le passé.

☐ TB ☐ B ☐ AB

[   ]

② Le changement climatique et la biodiversité sont des questions complexes et étroitement liées. Il est nécessaire de faire la lumière sur la relation entre le changement climatique et la biodiversité, et d'envisager simultanément la conservation de la biodiversité et l'action contre le changement climatique, qui ont traditionnellement été abordées séparément.

☐ TB ☐ B ☐ AB

[   ]

 AI翻訳に学ぶ なるほど，こうも言えるんだ！

「対策を考える」 　① (　　　　　　　　　　　　　) 　② envisager l'action contre
「A と B を同時に」 　① à la fois A et B 　　　　　　 ② (　　　　　　　　　　　　)

4 「(プレエディット)＋AI翻訳＋ポストエディット＋逆翻訳」を繰り返して，フランス語でスピーチしたりネットで発信したりするための原稿を作成，発表，提出．

 自分の考えを日本語で 300 字以上で書いて，それをフランス語に AI 翻訳します．その後，Pre-edit → Post-edit → Back-translation を繰り返し，フランス語の文章の完成度を上げます．

今回のお題は，「生物多様性を守るために私たちのできること」．

5 生物多様性を守るために，日本の若者がするべきことについて，ChatGPT などの生成 AI とフランス語で対話してみましょう．まず，Afin de maintenir la biodiversité, qu'est-ce que les jeunes Japonais doivent faire ? と言ってチャットを始めます．「AI と Chat！Chat！で使える表現」(80 ページ) を参考にして，チャットを続けましょう．

文法の復習 ～ 文法を AI 翻訳に役立てよう！

この課では，条件法現在がしばしば出てきましたね．口頭会話でも，ニュースや解説の文章，小説でも条件法現在はよく使われます．条件法現在には，現在・未来の事柄に関する断定を避けて語調をやわらげる用法，現在・未来の事実に反する仮定の結果をあらわす用法，過去における未来をあらわす方法の 3 つの用法があります．詳しくは 96 ページを見てください．

Leçon 6

Émissions de CO₂ et de méthane
CO₂ とメタンの排出

CO₂ やメタンの排出量は一向に減少する兆しが見えません．何が原因でしょうか．排出削減に向けてどのようなアイデアがあるでしょうか．この課では，世界とフランスの現状，日本での取り組みについて理解するようにしましょう．

 ウオームアップ

つぎに示すのは，「CO₂ とメタンの排出」と関係しているフランス語のキーワードです．①〜④の文はその説明です．それぞれの文は，どのキーワードの説明でしょうか．

[combustibles fossiles　　　　empreinte carbone
　énergies renouvelables　　　neutralité carbone]

① （フランス語　　　　　　　　　日本語訳　　　　　　　　　　　）

matières premières issues de matières organiques fossilisées sur de longues périodes géologiques utilisées comme source d'énergie (pétrole, le charbon et le gaz naturel) ;

② （　　　　　　　　　　　　　　　　　　　　　　　　　　　　）

estimation de la quantité de gaz à effet de serre émise par une personne, une organisation, un produit ou un événement, et de son impact sur le climat ;

③ （　　　　　　　　　　　　　　　　　　　　　　　　　　　　）

sources d'énergie naturelles considérées comme plus durables et respectueuses de l'environnement qui se régénèrent plus rapidement qu'elles ne sont consommées (énergie solaire, vent, eau ou biomasse) ;

④ （　　　　　　　　　　　　　　　　　　　　　　　　　　　　）

différence égale à zéro entre les quantités émises et absorbées de CO₂ dans un milieu donné.

| フランス語 | ▶ | **AI 翻訳** | ▶ | 日本語 |

CO₂ やメタンの排出削減の必要性は認識されているものの，目標の達成はなかなか容易ではないようです．2種類の翻訳 AI を使って訳してみました．さて，正しく翻訳されているでしょうか．

1

まず AI 翻訳のポストエディットをする前に，翻訳する文で用いられている語彙，文法，文の構造の事前確認，つぎに 2 種類の AI の日本語訳を 3 段階で評価．ポストエディットをする必要がない場合は TB，ある場合は B か AB．ポストエディットをする必要がある場合は，AI 翻訳の問題があると思われる箇所にマーカーをひき指摘，つぎに加筆修正．また，AI の翻訳から学ぶべきところ，うまい翻訳があれば，それも指摘．

☐ **TB** (Très bien. Bravo !)　☐ **B** (Bien)　☐ **AB** (Assez bien)

---

(1) Le rapport récent *du Global Carbon Project* a suscité une profonde inquiétude *en révélant* le niveau record *des émissions mondiales* de CO₂ pour 2022. *Malheureusement, aucune* réduction significative pour atteindre la neutralité carbone et limiter le réchauffement à 1,5 °C *n'a été observée*.

AI 翻訳 事前確認　　[　　]には日本語，(　　)にはフランス語

語彙：malheureusement　[　　　　　　　]；aucun(e)　[　　　　　　].

文法：révélant は (　　　　　) の現在分詞で，en révélant はジェロンディフ（→ p. 92）．ジェロンディフは同時進行する行為をあらわすが，ここでは特に手段「〜によって」をあらわしている；du Global Carbon Project の du は前置詞 (　　) と定冠詞 (　　) が縮約したもの；des émissions の des は前置詞 (　　) と定冠詞 (　　) が縮約したもの．

文の構造：n'a été observée は，受動態（受身形）（→ p. 95）の複合過去．observée は (　　　　　) の過去分詞で，主語の (　　　　　　　　　　　) と性を一致させている．

AI の日本語訳

① Global Carbon Project の最近の報告書は，2022 年の世界の CO₂ 排出量が記録的なレベルになることを明らかにし，深い懸念を引き起こしました．残念ながら，カーボンニュートラルを達成し，温暖化を 1.5℃ に抑えるための大幅な削減はなされていません．　　☐ **TB**　☐ **B**　☐ **AB**

[　　　　　　　　　　　　　　　　　　　　　　　　　　　　　　　　　　　　　　　]

② 2022 年の世界の CO₂ 排出量の記録的な水準を明らかにした，最近の Global Carbon Project の報告書は深刻な懸念を引き起こしました．残念ながら，カーボンニュートラルの達成や 1.5℃ の温暖化制限のための大幅な削減は見られませんでした．　　☐ **TB**　☐ **B**　☐ **AB**

[　　　　　　　　　　　　　　　　　　　　　　　　　　　　　　　　　　　　　　　]

57

Leçon 6　Émissions de CO₂ et de méthane

(2) Les émissions de CO_2 ont augmenté de 1 % *par rapport à* l'année précédente. Le bilan est de 40,6 gigatonnes équivalent CO_2. Le méthane, avec un potentiel de réchauffement 25 à 30 fois *supérieur à celui du CO_2* sur une période de cent ans, a également *connu* une augmentation significative.

🖐 AI翻訳 事前確認　　[　　]には日本語, (　　)にはフランス語

語彙：par rapport à ～　[　　　　　　　　　　]；supérieur à ～　[　　　　　　　]；
　　　connu は（　　　　　　）の過去分詞で，ここでは［　　　　　　　　］という意味.
文法：du CO_2 の du は前置詞（　　）と定冠詞（　　）が縮約したもの.
文の構造：celui は受ける語の性・数によって変化する指示代名詞. celui は男性単数なので，ここ
　　　　　では（　　　　　　　　　）を受けている.

🌱 AIの日本語訳

① CO_2 排出量は前年比 1%増. CO_2 換算で 40.6 ギガトンでした. 100 年間で CO_2 の 25 ～ 30 倍の温暖化係数を持つメタンも大幅に増加しました.　　　　　☐ TB　☐ B　☐ AB

　[　　　　　　　　　　　　　　　　　　　　　　　　　　　　　　　　　　　　]

② CO_2 の排出量は前年比で 1% 増加し，総排出量は 40.6 ギガトン（CO_2 換算）です. メタンは CO_2 に比べて 100 年間の温暖化効果が 25 ～ 30 倍高いとされていますが，これも著しい増加が見られました.　　　　　☐ TB　☐ B　☐ AB

　[　　　　　　　　　　　　　　　　　　　　　　　　　　　　　　　　　　　　]

(3) Après une baisse temporaire *due à* la pandémie de Covid-19 en 2020, les émissions ont rebondi en 2021, principalement *en raison de* l'utilisation accrue de combustibles fossiles, *en particulier* le charbon *en Inde* et *dans une moindre mesure* dans l'Union européenne. Les émissions ont augmenté *aux États-Unis* et *en Inde*, *tandis que* la Chine et l'Union européenne ont *réussi à les réduire*.

🖐 AI翻訳 事前確認　　[　　]には日本語, (　　)にはフランス語

語彙：dû (due) à ～　[　　　　　　　　]　dû は（　　　　　　）の過去分詞；
　　　en raison de ～　[　　　　　　]；en particulier　[　　　　　　　　]；
　　　dans une moindre mesure　[　　　　　　　　　]；
　　　tandis que ～　[　　　　　　　　]；réussir à ～　[　　　　　　　].
文法：aux États-Unis の aux は前置詞（　　）と定冠詞（　　）が縮約したもの.
　　　　次の en Inde は女性名詞の国名のため，「en ＋無冠詞の国名」の形になる.
文の構造：les réduire の les は réduire の直接目的語の働きをする人称代名詞.
　　　　　ここでは（　　　　　　　　　　　　）を指している.

AIの日本語訳

① 2020年のCovid-19パンデミックによる一時的な減少の後，2021年には排出量が回復したのですが，これは主に化石燃料，特にインドでの石炭使用の増加によるもので，EUではそれほどでもありませんでした．米国とインドでは排出量が増加しましたが，中国とEUは排出量を削減することができたのです． □ TB □ B AB

[   ]

② 2020年にCovid-19パンデミックの一時的な影響により減少した後，2021年には主にインドと，より少ない程度ではありますがEUにおける石炭の増加使用により，再びCO_2の排出量が増加しました．アメリカとインドでは排出が増加しましたが，中国とEUは排出量を減少させることに成功しました． □ TB □ B AB

[   ]

(4) La capacité d'absorption du CO_2 par les océans et dans les terres diminue, tandis que les émissions d'origine fossile continuent d'augmenter. Pour lutter contre le réchauffement climatique, *il est essentiel d'opérer* une transition vers les énergies renouvelables et *de réduire* l'utilisation des combustibles fossiles *afin d'*atteindre la neutralité carbone.

AI翻訳 事前確認　　[　　]には日本語，(　　)にはフランス語

語彙：afin de ～　[　　　　　　　　　].
文の構造：il est essentiel d'opérer ～ のil は形式上の主語で，真主語（意味上の主語）は
　　　　　(　　　　　　　　　　と　　　　　　　　　　　).

AIの日本語訳

① 海洋や陸地のCO_2吸収能力が低下している一方で，化石燃料からの排出量は増え続けています．地球温暖化対策には，再生可能エネルギーへの転換と化石燃料の使用削減が不可欠であり，カーボンニュートラルを達成する必要があるのです． □ TB □ B AB

[   ]

② 海洋と陸地によるCO_2の吸収能力が減少している一方で，化石燃料による排出は増加し続けています．気候変動に対抗するためには，再生可能エネルギーへの移行と化石燃料の使用を減らすことが不可欠であり，カーボンニュートラルを達成する必要があります． □ TB □ B AB

[   ]

Émissions de CO$_2$ par secteur d'activité en France

En France, les secteurs de l'énergie, de l'industrie, des transports, du bâtiment et des déchets sont les principaux émetteurs de gaz à effet de serre. Les transports représentent à eux seuls *près de* la moitié des émissions, **suivis de** la production d'électricité et *de* l'industrie. La responsabilité de l'agriculture est aussi importante, l'élevage *se trouvant à l'origine de* 70% des émissions de méthane et la culture des sols de 74% des émissions de protoxyde d'azote. Les énergies renouvelables contribuent significativement à la réduction de ces émissions, *même si* leur production n'est pas complètement exempte d'émissions de gaz à effet de serre. Les banques françaises ont une empreinte carbone *élevée* due à leurs activités de financement dans le domaine des combustibles fossiles. Le secteur du numérique est responsable de 2,5% des émissions de GES en France. Pour réduire l'empreinte carbone de la société française, *il faut* promouvoir les énergies renouvelables, l'agriculture durable, les transports verts, les pratiques financières responsables et une utilisation plus sobre du numérique.

AI 翻訳 事後確認　　　[　]には日本語，(　)にはフランス語

語彙：près de ～ [　　　　　　　　　] ; (être) suivi de ～ [　　　　　　] ;
　　 même si ～ [　　　　　　　] ; (être) à l'origine de ～ [　　　　　　　] ;
　　 il faut ～ [　　　　　].

文法：se trouvant は，(　　　　　) の現在分詞で (　　　　　) を修飾する現在分詞の形容詞的用法（→ p. 92）;
　　 suivis は，(　　　　) の過去分詞で (　　　　　) を修飾する過去分詞の形容詞的用法（→ p. 97）;
　　 élevée は (　　　　) の過去分詞で (　　　　　) を修飾する過去分詞の形容詞的用法．

日本語 ▶ **AI 翻訳** ▶ フランス語

日本におけるメタン排出の現状とカーボンニュートラルに向けた企業の取り組みをフランス語に訳して海外に発信したいと思います．2種類の翻訳 AI を使って訳してみました．さて，正しく翻訳されているでしょうか．

③ フランス語訳の完成：2種類の AI のフランス語訳を 3 段階で評価．ポストエディットをする必要がある場合は，AI 翻訳の問題があると思われる箇所にマーカーをひき問題点を指摘，つぎに加筆修正．最後にもう一度 2 つの翻訳を見て，「AI 翻訳に学ぶ」をやって表現力，アップ．

(1) 日本では，水田が最も多くのメタンを生成しています．田んぼに水を張り，酸欠状態にすることで微生物が有機物を分解し，メタンが発生するのです．農業からの温室効果ガス排出量は全体のわずか 3％に過ぎませんが，食料自給率が 4 割を下回っており，結果として海外で大量の温室効果ガスを発生させていると言えます．

① Au Japon, les rizières produisent le plus de méthane. Les rizières sont inondées d'eau, créant un état d'anoxie où les microorganismes décomposent la matière organique et produisent du méthane. Les émissions de gaz à effet de serre provenant de l'agriculture représentent à peine 3 % du total, mais le taux d'autosuffisance alimentaire est inférieur à 40 %, ce qui entraîne une production importante de gaz à effet de serre à l'étranger.

☐ **TB** ☐ **B** **AB**

[   ]

② Au Japon, ce sont les rizières qui produisent le plus de méthane. Les rizières sont inondées et le manque d'acidité entraîne la décomposition de la matière organique par les micro-organismes, ce qui produit du méthane. Bien que l'agriculture ne représente que 3 % des émissions totales de gaz à effet de serre, le taux d'autosuffisance alimentaire est inférieur à 40 %, ce qui entraîne la production d'une grande quantité de gaz à effet de serre à l'étranger.

☐ **TB** ☐ **B** **AB**

[   ]

AI翻訳に学ぶ なるほど，こうも言えるんだ！

「酸欠状態」 ① un état d'anoxie   ② (   )

「微生物が有機物を分解」

　　① les microorganismes décomposent la matière organique

　　② (   )

「大量の」 ① (   ) ② une grande quantité

Leçon 6 Émissions de CO_2 et de méthane

(2) 一方，都市ではメタンを主成分とする都市ガスが使用されています．日本の都市ガス会社は，メタンを利用した「カーボンニュートラル」なシステムを推進しています．この会社では「メタネーション」と呼ばれる技術を用いて再生可能なメタンを合成しています．この取り組みにより，燃やしても実質的な CO_2 増加がなく，「カーボンニュートラル」に貢献することが期待されているのです．

① D'autre part, dans les zones urbaines, le gaz naturel utilisé est principalement composé de méthane. Les entreprises de distribution de gaz au Japon encouragent un système « carbone neutre » en utilisant le méthane. Ces entreprises utilisent une technique appelée « méthanation » pour synthétiser du méthane renouvelable. Cette initiative permet de contribuer à un système « carbone neutre » en évitant toute augmentation significative de CO_2 lors de la combustion.   ☐ TB ☐ B AB

[   ]

② Les villes, par ailleurs, utilisent le gaz de ville dont le méthane est le principal composant. Les entreprises japonaises de gaz de ville promeuvent des systèmes « neutres en carbone » utilisant le méthane. L'entreprise utilise une technologie appelée méthanation pour synthétiser du méthane renouvelable. Cette approche devrait contribuer à un système « neutre en carbone », puisqu'il n'y a pas d'augmentation réelle du CO_2 lorsqu'il est brûlé.   ☐ TB ☐ B AB

[   ]

AI翻訳に学ぶ   なるほど，こうも言えるんだ！

「一方，」	① D'autre part ② ( )
「メタンが主成分となる」	① principalement composé de méthane
	② ( )
「日本の都市ガス会社」	① ( )
	② Les entreprises japonaises de gaz de ville
「実質的な CO_2 増加がなく」	① ( )
	② il n'y a pas d'augmentation réelle du CO_2

(3) 2025 年の大阪・関西万博は，メタン合成の実証実験の場として期待されています．会場内の生ゴミから生成されるメタンに加え，直接回収した大気中の CO_2 や再生可能エネルギーで作った水素を用いてメタンを合成する計画が進行しています．このシステムによって，会場の空調や厨房での調理に利用される 170 世帯分のメタンが生み出される予定です．

① L'Exposition universelle d'Osaka-Kansai en 2025 est attendue comme un lieu de démonstration pour la synthèse du méthane. Des plans sont en cours pour produire du méthane à partir des déchets organiques générés sur le site, ainsi qu'en utilisant du CO_2 directement collecté dans l'atmosphère et de l'hydrogène produit à partir d'énergies renouvelables. Ce système permettra de produire du méthane équivalent à 170 foyers, qui sera utilisé pour la climatisation du site et la cuisine. □ TB □ B □ AB

[   ]

② L'exposition Osaka-Kansai de 2025 devrait servir de site de démonstration pour la synthèse du méthane. Outre le méthane produit à partir des déchets alimentaires sur le site, il est prévu de synthétiser le méthane en utilisant le CO_2 directement collecté dans l'atmosphère et l'hydrogène produit à partir de sources d'énergie renouvelables. Le système produira suffisamment de méthane pour 170 foyers, qui sera utilisé pour climatiser le site et pour cuisiner. □ TB □ B □ AB

[   ]

AI 翻訳に学ぶ　　なるほど，こうも言えるんだ！

「～の場として期待されている」　① être attendu(e) comme un lieu de
　　　　　　　　　　　　　　　　　② (　　　　　　　　　　　　　　　　　)
「生ゴミ」　① des déchets organiques générés　② (　　　　　　　　　　　　　)

4 「(プレエディット)＋ AI 翻訳＋ポストエディット＋逆翻訳」を繰り返して，フランス語でスピーチしたりネットで発信したりするための原稿を作成，発表，提出．

自分の考えを日本語で 300 字以上で書いて，それをフランス語に AI 翻訳します．その後，Pre-edit → Post-edit → Back-translation を繰り返し，フランス語の文章の完成度を上げます．

今回のお題は，「私たちの普段の活動と CO_2，メタン排出との関係」．

5 私たちの普段のどのような活動が CO_2 やメタンの排出につながるのか，ChatGPT などの生成 AI とフランス語で対話してみましょう．まず，Quelles sont les activités quotidiennes qui entraînent des émissions de CO_2 et de méthane ? と言ってチャットを始めます．「AI と Chat！Chat！で使える表現」（80 ページ）を参考にして，チャットを続けましょう．

AI と Chat! Chat!

文法の復習 ～文法を AI 翻訳に役立てよう！

この課では，過去分詞の形容詞的用法がしばしば出てきましたね．英語にもあった名詞を直接修飾する用法と属詞（補語）としての用法があります．フランス語の場合は，性・数の一致に気をつける必要があります．詳しくは 97 ページを見てください．

Leçon 7

地球温暖化がこれ以上進まないように，多くの国で温室効果ガス削減目標を策定しています．この課ではフランスや日本ではどのような取り組みを行なっているのか，その一例を見てみましょう．

Réduction des émissions de gaz à effet de serrre
温室効果ガス排出削減

つぎに示すのは，「温室効果ガス排出削減」と関係しているフランス語のキーワードです．①〜④の文はその説明です．それぞれの文は，どのキーワードの説明でしょうか．

> biocarburant   efficacité énergétique
> intensité des émissions   produit intérieur brut

① （フランス語   日本語訳   ）

valeur totale de la somme des unités économiques, biens ou services, produites dans chaque pays sur une période donnée, généralement une année ;

② （   ）

estimation par unité d'activité économique de la quantité de gaz à effet de serre, en particulier du CO_2, rejetée dans l'atmosphère ;

③ （   ）

manière d'utiliser le minimum d'énergie nécessaire pour réaliser une tâche spécifique ou fournir un service, tout en essayant d'obtenir les meilleurs résultats possibles ;

④ （   ）

type de combustible produit à partir de ressources renouvelables, comme celles issues des cultures agricoles, les déchets organiques ou les algues.

フランスは温室効果ガス排出量を削減するために目標を設定し，さまざまな取り組みを行なっています．その結果，温室効果ガス排出量削減を達成しているようです．2種類の翻訳AIを使って訳してみました．さて，正しく翻訳されているでしょうか．

1

まず AI 翻訳のポストエディットをする前に，翻訳する文で用いられている語彙，文法，文の構造の事前確認，つぎに 2 種類の AI の日本語訳を 3 段階で評価．ポストエディットをする必要がない場合は TB，ある場合は B か AB．ポストエディットをする必要がある場合は，AI 翻訳の問題があると思われる箇所にマーカーをひき指摘，つぎに加筆修正．また，AI の翻訳から学ぶべきところ，うまい翻訳があれば，それも指摘．

☐ **TB** (Très bien. Bravo !)　☐ **B** (Bien)　☐ **AB** (Assez bien)

(1) La France s'est engagée à diminuer de 40 % ses émissions de gaz à effet de serre, entre 1990 et 2030, *afin de parvenir à* la neutralité carbone en 2050 et *à diviser* par six ces émissions *par rapport à* leur niveau de 1990. En 2017, les émissions de gaz à effet de serre de la France *ont diminué d'environ* 15 % *par rapport à* 1990, *malgré* une augmentation de la population dans les mêmes proportions.

AI翻訳 事前確認　　[ ] には日本語，( ) にはフランス語

語彙：afin de ［　　　　　　　　　　　］; parvenir à ［　　　　　　　］;
　　　par rapport à ［　　　　　　　　　　　　　］: malgré ［　　　　　　　　　　］.

文法：d'environ の de は「程度」を表し，diminuer (← ont diminué) d'environ 15%で ［　　　　　　　　　　　］ という意味．

文の構造：à diviser 〜 は接続詞 et で繋がれており，それと並列の関係で結ばれている前置詞句は（　　　　　　　　　　　　　　　　　）．いずれも動詞（　　　　　　　　　　　）に従属する．

AIの日本語訳

① フランスは，1990 年から 2030 年までに温室効果ガスの排出量を 40%減らし，2050 年までにカーボンニュートラルを実現し，1990 年の排出量に比べて 6 分の 1 に削減することを目指しています．2017 年時点でフランスの温室効果ガスの排出量は，1990 年に比べて約 15%減少していましたが，人口は同じ比率で増加していました．　　　　　　　　　　☐ TB　☐ B　☐ AB

[　　　]

② フランスは，2050 年までにカーボンニュートラルを達成するために，1990 年から 2030 年の間に温室効果ガスの排出量を 40%削減し，1990 年の排出量と比較して 6 分の 1 にすることを約束しています．2017 年，フランスの温室効果ガス排出量は，人口が同じ割合で増加しているにもかかわらず，1990 年より約 15%減少しました．　　　　　　　　☐ TB　☐ B　☐ AB

[   ]

(2) *Au cours de* la même période, le PIB a *augmenté de* près de 52 %, même si l'intensité des émissions par unité de PIB *a été réduite avec succès* de 44 % environ. L'industrie a été le principal secteur *contribuant* à la réduction des émissions, *grâce à* l'amélioration de l'efficacité énergétique et environnementale des procédés.

AI翻訳 事前確認　　[　]には日本語，（　）にはフランス語

語彙：au cours de ［　　　　　　　　　　　］；avec succès ［　　　　　　　　　　］；
　　　grâce à ［　　　　　　　　　］.
文法：augmenter (a augmenté) de の de は ［　　　　　　　］ を表す；
　　　a été réduite の réduite は（　　　　　　　　　　　）の過去分詞で，この部分の時制は
　　　受身形の ［　　　　　　　　　］ 形（→ p. 95）.
文の構造：contribuant は名詞句（　　　　　　　　　　　　　　　　）を修飾している動詞
　　　　　（　　　　　　　　　　）の ［　　　　　　　　　　］ の形（→ p. 92）.

AIの日本語訳

① 同じ期間において，フランスの国内総生産（GDP）は約52%増加しましたが，GDP単位当たりの排出強度は約44%減少することに成功しました．工業部門は，エネルギー効率と環境への配慮が向上したことにより，排出削減に主要な貢献をしました．　　　☐ TB　☐ B　AB

[   ]

② 同期間中，GDPはほぼ52%増加しましたが，GDP単位あたりの排出原単位は約44%の削減に成功しました．プロセスのエネルギー効率と環境効率の改善により，排出量削減に貢献した主な部門は産業でした．　　　☐ TB　☐ B　AB

[   ]

(3) *Ainsi*, le secteur de la chimie a limité ses émissions de presque 60 %. Le transport reste *la première source* d'émissions de gaz à effet de serre, mais les efforts de réduction des émissions unitaires par véhicule et *le développement des biocarburants* ont aussi permis une réduction *significative* dans ce secteur.

AI翻訳 事前確認　　[　]には日本語，（　）にはフランス語

語彙：ainsi ［　　　　　　　　　］.
文法：la première source の première は形容詞（　　　　　　　　　　）の女性形；
　　　significative は形容詞（　　　　　　　　　）の女性形.
文の構造：le développement des biocarburants は（　　　　　　　　　　　　　　　　）
　　　　　と並列の関係で，節の ［　　　　　　　　　］ になっている.

① それにより，化学産業は排出量をほぼ60%まで削減しました．一方で，交通部門は温室効果ガスの主要な排出源のままですが，車両単位当たりの排出削減への取り組みやバイオ燃料の開発により，この部門でも大幅な削減が実現されています．　□ TB　□ B　■ AB

[   ]

② 例えば，化学部門は排出量を60%近く削減しました．運輸部門は依然として温室効果ガスの主要な排出源ですが，自動車1台当たりの排出量を削減する努力とバイオ燃料の開発が，この部門の大幅な削減につながっています．　□ TB　□ B　■ AB

[   ]

② 「（プレエディット）＋AI翻訳＋ポストエディット＋逆翻訳」を繰り返して，つぎの文章の日本語訳を作成，事後確認，発表，提出.

Réduire l'empreinte carbone des Français

La France *s'efforce d'atténuer* son empreinte carbone, c'est-à-dire la quantité de gaz à effet de serre *engendrée par* la demande intérieure finale du pays, *ce qui* englobe la consommation des ménages, des administrations publiques, d*es organismes à but non lucratif ainsi que* les sommes dépensées pour l'ensemble des biens et services consommés sur le territoire français, *indépendamment de* leur origine, nationale ou étrangère. Dans ce contexte, les produits importés qui remplacent la production nationale ont tendance à *aggraver* l'empreinte carbone. C'est notamment le cas si le produit importé est fabriqué dans une région où le « mix » énergétique produit plus de CO_2, avec une réglementation locale moins ambitieuse et ou l'on utilise des technologies moins respectueuses de l'environnement. Il est essentiel de *lutter contre* cette situation *en promouvant* une ambition climatique mondiale et *en tirant parti des* différents marchés mondiaux du carbone et des taxes carbones qui ont déjà été instaurées ou sont prévues dans de nombreux pays. De plus, il est important de favoriser la production sur le territoire national lorsque *celle-ci* présente une *moindre* intensité d'émissions, *tout en prévenant* le risque de « fuite de carbone », *autrement dit* la *délocalisation* de la production pour échapper à une réglementation climatique plus stricte *sur place*.

AI翻訳 事後確認　　[　]には日本語，（　　）にはフランス語

語彙：s'efforcer de ～［　　　　　　　　　　　　　］; atténuer　［　　　　　　　　　　　］;
　　　　engendrée par ～［　　　　　　　　　　　］;
　　　　organismes à but non lucratif［　　　　　　　　　　］;
　　　　ainsi que［　　　　　　　　　　　］;
　　　　indépendamment de　［　　　　　　　　　　　　］;
　　　　aggraver　［　　　　　　　　　　］; lutter contre　［　　　　　　　　　］;
　　　　tirer (← tirant) parti de ～　［　　　　　　　　　］; moindre　［　　　　　　　］;
　　　　autrement dit　［　　　　　　　　　　］; délocalisation　［　　　　　　　　］;
　　　　sur place　［　　　　　　　　　　］.
文法：tout en prévenant は tout + ［　　　　　　　　　］ の形で，同時制を強調する（→ p. 92）.
文の構造：ce qui は（　　　　　　　　　　　　）の同格；en promouvant ～
　　　　と en tirant parti des ～ は動詞（　　　　　　　）を副詞的に修飾するジェロンディフ；
　　　　promouvant と tirant はそれぞれ動詞（　　　　　　　　）と（　　　　
　　　　　　　　）の活用形；celle-ci は（　　　　　　　　　　　　　　）を指す.

日本語 ▶ **AI 翻訳** ▶ フランス語

日本も温室効果ガス排出量をゼロにすることを目標として掲げています．これを達成するために，日本企業が行うべき行動をフランス語に訳して海外に発信したいと思います．2種類の翻訳AIを使って訳してみました．さて，正しく翻訳されているでしょうか．

③ フランス語訳の完成：2種類の AI のフランス語訳を 3 段階で評価．ポストエディットをする必要がある場合は，AI 翻訳の問題があると思われる箇所にマーカーをひき問題点を指摘，つぎに加筆修正．最後にもう一度 2 つの翻訳を見て，「AI 翻訳に学ぶ」をやって表現力，アップ．

(1) 日本は，2020 年 10 月に 2050 年までに地球温暖化ガスの排出量をゼロにすることを目指すと公表しました．この目標を達成するためには，単に個々の企業だけでなく，サプライチェーン全体での排出削減を進める必要があります．

① Le Japon a annoncé en octobre 2020 son objectif de parvenir à une réduction des émissions de gaz à effet de serre à zéro d'ici 2050. Pour atteindre cet objectif, il est nécessaire de poursuivre la réduction des émissions non seulement au niveau des entreprises individuelles, mais aussi dans l'ensemble de la chaîne d'approvisionnement.

☐ TB ☐ B ☐ AB

[   ]

② En octobre 2020, le Japon a annoncé qu'il visait à réduire à zéro les émissions de gaz responsables du réchauffement climatique d'ici 2050. Pour atteindre cet objectif, les réductions d'émissions doivent être encouragées tout au long de la chaîne d'approvisionnement, et pas seulement par des entreprises individuelles.

☐ TB ☐ B ☐ AB

[   ]

AI 翻訳に学ぶ なるほど，こうも言えるんだ！

「温室効果ガス排出」　① les émissions de gaz à effet de serre
　　　　　　　　　　② (   )
「排出削減を進めるべきだ」① (   )
　　　　　　　　　　② les réductions d'émissions doivent être encouragées
「サプライチェーン全体で」① (   )
　　　　　　　　　　② tout au long de la chaîne d'approvisonnement

69

Leçon 7 Réduction des émissions de gaz à effet de serrre

(2) それを実現するためには，環境に負荷をかけない製品，つまり脱炭素・低炭素製品を市場に出すことが必要です．そのためには，製品の環境負荷を測る仕組みであるカーボンフットプリントが欠かせません．

① Pour le réaliser, il est nécessaire de mettre sur le marché des produits à faible impact environnemental, c'est-à-dire des produits décarbonés et à faible teneur en carbone. Pour cela, il est indispensable d'avoir un mécanisme de mesure de l'impact environnemental des produits, appelé "empreinte carbone". ☐ TB ☐ B **AB**

[   ]

② Pour y parvenir, il est nécessaire de mettre sur le marché des produits qui n'ont pas d'impact sur l'environnement, c'est-à-dire des produits décarbonés et à faible teneur en carbone. Pour cela, il est essentiel de disposer d'un bilan carbone, un mécanisme permettant de mesurer l'impact des produits sur l'environnement. ☐ TB ☐ B **AB**

[   ]

AI翻訳に学ぶ なるほど，こうも言えるんだ！

「それを実現するために」	① Pour le réaliser	② ( )
「環境に負担をかけない製品」	① ( )	
	② des produits qui n'ont pas d'impact sur l'environnement	
「〜することが欠かせない」	① ( )	② il est essentiel de
「カーボンフットプリント」	① empreinte carbone	② ( )

(3) 企業や消費者に対して，カーボンフットプリントについて説明することは，環境の価値を伝えることや，環境にやさしい製品を選ぶように促すことにつながります．また，サプライチェーン上の各企業がカーボンフットプリントを計算し共有することによって，製品が作られる過程で排出されるガスの量を明らかにし，企業同士が協力して排出削減策を実施することを促進します．

① Expliquer l'empreinte carbone aux entreprises et aux consommateurs permet de communiquer la valeur environnementale et d'encourager la sélection de produits respectueux de l'environnement. De plus, le calcul et le partage de l'empreinte carbone par chaque entreprise de la chaîne d'approvisionnement permettent de révéler la quantité de gaz émis tout au long du processus de fabrication des produits, ce qui encourage la collaboration entre les entreprises pour mettre en œuvre des mesures de réduction des émissions. ☐ TB ☐ B **AB**

[   ]

② Expliquer l'empreinte carbone aux entreprises et aux consommateurs permet de communiquer la valeur de l'environnement et de les encourager à choisir des produits respectueux de l'environnement. Cela encourage également les entreprises de la chaîne d'approvisionnement à travailler ensemble pour mettre en œuvre des mesures de réduction des émissions en calculant et en partageant l'empreinte carbone de chaque entreprise de la chaîne d'approvisionnement, révélant ainsi la quantité de gaz émise au cours du processus de fabrication des produits.

□ TB □ B AB

[   ]

 なるほど，こうも言えるんだ！

「環境の価値」 ① (   ) ② valeur de l'environnement

「また」 ① (   ) ② également

「促進する」 ① (   ) ② mettre en œuvre

「カーボンフットプリントを計算し共有すること」

　　　　　　① (   )

　　　　　　② en calculant et en partageant l'empreinte carbone

4　「(プレエディット) ＋ AI 翻訳＋ポストエディット＋逆翻訳」を繰り返して，フランス語でスピーチしたりネットで発信したりするための原稿を作成，発表，提出．

 自分の考えを日本語で 300 字以上で書いて，それをフランス語に AI 翻訳します．その後，Pre-edit → Post-edit → Back-translation を繰り返し，フランス語の文章の完成度を上げます．

今回のお題は，「温室効果ガス排出削減のためにできること」．

5　温室効果ガス排出削減のために，日本の若者が個人のレベルでできることはどのような行動でしょうか．ChatGPT などの生成 AI とフランス語で対話してみましょう．まず，Que peuvent faire les jeunes Japonais pour contribuer à la réduction des émissions de gaz à effet de serre ? と言ってチャットを始めます．「AI と Chat！Chat！で使える表現」（80 ページ）を参考にして，チャットを続けましょう．

文法の復習 ～文法を AI 翻訳に役立てよう！

文章を正しく理解するためには，文章の構造を正確に把握する必要があります．特にオーセンティックな文章を読むと，一文が大変長いということに驚くと思います．本章で出てきた文章の中にも，一文が数行に渡るものが多かったですね．文章が長くなる要因はいくつかありますが，その一つは connecteurs logiques と呼ばれる接続詞や接続語の使用によるものです．98 ページを見て，文章構造の理解を深めましょう．

Leçon 8

Sécurité alimentaire
食の安全

気候変動の影響は，世界の食糧問題にも及んでいます．安心して味わうことができる食糧を安定的に供給するために，私たちはどうすれば良いのでしょうか．この課では，食の安全に関係する知識や語彙，表現を身につけることを目標にしましょう．

 ウォームアップ

つぎに示すのは，「食の安全」と関係しているフランス語のキーワードです．①〜④の文はその説明です．それぞれの文は，どのキーワードの説明でしょうか．

> agriculture biologique　　　　agroécologie
> matière première　　　　　　système alimentaire

① （フランス語　　　　　　　　　日本語訳　　　　　　　　　　　　　）

matière directement extraite de la nature utilisée dans la fabrication d'un produit ou comme source d'énergie；

② （　　　　　　　　　　　　　　　　　　　　　　　　　　　　　　）

totalité des infrastructures, processus et acteurs nécessaires à la production, transformation, distribution et consommation des aliments；

③ （　　　　　　　　　　　　　　　　　　　　　　　　　　　　　　）

théories et pratiques agricoles s'appuyant sur les connaissances de l'agronomie et de l'écologie pour favoriser, avec la participation des communautés locales, la durabilité environnementale；

④ （　　　　　　　　　　　　　　　　　　　　　　　　　　　　　　）

méthodes de production agricole et d'élevage respectueuses de l'environnement et qui cherchent à préserver les équilibres naturels.

フランス語 ▶ **AI 翻訳** ▶ 日本語

食の安全は，地球上のすべての人間に大きな影響を与える重要な問題です．解決すべき問題は多岐にわたり，実行するのは簡単なことではありませんが，現在さまざまな取り組みが行われています．ここでは食の安全に関する文章を2種類の翻訳 AI を使って訳してみました．さて，正しく翻訳されているでしょうか．

1 まず AI 翻訳のポストエディットをする前に，翻訳する文で用いられている語彙，文法，文の構造の事前確認，つぎに2種類の AI の日本語訳を3段階で評価．ポストエディットをする必要がない場合は TB，ある場合は B か AB．ポストエディットをする必要がある場合は，AI 翻訳の問題があると思われる箇所にマーカーをひき指摘，つぎに加筆修正．また，AI の翻訳から学ぶべきところ，うまい翻訳があれば，それも指摘．

☐ **TB** (Très bien. Bravo !)　☐ **B** (Bien)　☐ **AB** (Assez bien)

(1) La pandémie de Covid-19 a transformé nos modes de consommation, *tandis que* le réchauffement climatique nous pousse à revoir nos pratiques agricoles. *L'ensemble des phénomènes climatiques et naturels* **auxquels** *nous sommes confrontés* nous *invite à* repenser les systèmes alimentaires actuels pour les *rendre* plus durables, de la production des matières premières à la consommation des aliments. Cependant, les défis scientifiques à relever sont nombreux et variés.

AI翻訳 事前確認　　[ ]には日本語，( )にはフランス語

語彙：tandis que　[　　　　　　　　　　　]；inviter 人 à 〜　[　　　　　　　　　　　　　　　　]；
　　　rendre A B　[　　　　　　　　　　　　].
文法：auxquels は前置詞(　　　　　　)と疑問代名詞(　　　　　　　　　　　)が縮約した関係代名詞で，
　　　先行詞は (　　　　　　　　　　　　　　　　　　　　　　　　).
文の構造：L'ensemble des phénomènes climatiques et naturels auxquels nous sommes confrontés までがこの文全体の [　　　　　] であり，auxquels nous sommes confrontés は関係節である．

AIの日本語訳

① 新型コロナウイルス感染症のパンデミックによって私たちの消費パターンが変化する一方，地球温暖化によって私たちは農業慣行の見直しを迫られています．私たちが直面するあらゆる気候現象や自然現象は，原材料の生産から食品の消費に至るまで，現在の食品システムをより持続可能なものにするために再考するよう促しています．しかし，対処すべき科学的課題は多岐にわたります．　　　　　　　　　　　　　　　　☐ TB　☐ B　☐ AB

[　　　　　　　　　　　　　　　　　　　　　　　　　　　　　　　　　　　　　]

73

Leçon 8　Sécurité alimentaire

② 新型コロナウイルスのパンデミックは私たちの消費行動を変え，同時に地球温暖化は農業の実践を見直すように迫っています．私たちが直面しているすべての気候や自然現象は，原材料の生産から食品の消費まで，現在の食品システムをより持続可能なものに再考するように私たちに促しています．しかしながら，克服しなければならない科学的な課題は数多く，多岐にわたります．

□ TB　　B　　AB

[　　　　　　　　　　　　　　　　　　　　　　　　　　　　　　　　　　　　　　]

(2) De nouvelles matières premières *ainsi que* de nouvelles approches comme l'agriculture biologique ou l'agroécologie émergent en France. Les agriculteurs doivent *s'adapter aux* variations climatiques *en introduisant* de nouvelles cultures, comme les vignes en Bretagne, ou à opter pour des variétés plus résistantes au stress environnemental et aux nouvelles espèces nuisibles, *tout en réduisant* l'utilisation de produits chimiques et *en tenant* compte du profil nutritionnel de ces nouvelles matières premières.

AI翻訳 事前確認　　[　]には日本語，(　)にはフランス語

語彙：ainsi que　[　　　　　　　　　　　　]；s'adapter à 〜　[　　　　　　　　　　].
文法：en introduisant, tout en réduisant, en tenant はジェロンディフ（→ p. 92）で，introduisant, réduisant, tenant は，それぞれ動詞（　　　　），（　　　　），（　　　　）の現在分詞である．tout en réduisant の tout は「同時性」を強調する働きをしている．

AIの日本語訳

① フランスでは，新しい原材料や，有機農業やアグロエコロジーなどの新しいアプローチが台頭しています．農家は，化学製品の使用を減らし，ブドウのこれらの新しい原料の栄養プロファイルを考慮しながら，ブルターニュのブドウの木などの新しい作物を導入するか，環境ストレスや新たな有害種に対してより耐性のある品種を選択することで気候変動に適応する必要があります．

□ TB　　B　　AB

[　　　　　　　　　　　　　　　　　　　　　　　　　　　　　　　　　　　　　　]

② 新しい原材料や有機農業，農業生態学などの新しいアプローチがフランスで登場しています．農家は気候の変動に適応するために，ブルターニュ地方でのブドウ栽培などの新しい作物を導入したり，環境ストレスや新たな害虫に耐性のある品種を選択したりしながら，化学薬品の使用を減らし，これらの新しい原材料の栄養価を考慮しながら行動する必要があります．

□ TB　　B　　AB

[　　　　　　　　　　　　　　　　　　　　　　　　　　　　　　　　　　　　　　]

(3) Un autre défi concerne l'adaptation des procédés industriels. Actuellement, *une grande partie de* l'industrie de transformation alimentaire est adaptée aux produits de l'agriculture conventionnelle. Pour *transformer* de nouvelles matières premières

en aliments, il sera nécessaire de choisir des nouveaux procédés permettant de s'adapter plus rapidement.

🌾 AI翻訳 事前確認　　[　]には日本語, (　)にはフランス語

語彙：une grande partie de ～　[　　　　　　　　　　　　]；transformer A en B　[　　　　　　　].
文法：permettant は動詞（　　　　　　　　　　　　　　　）の現在分詞で, その前にある名詞
　　　句（　　　　　　　　　　　　　　）を修飾している.
文の構造：il sera nécessaire de choisir は非人称構文であり,
　　　　　il はあとに出てくる（　　　　　　　　　　　　　）を指している.

🌾 AIの日本語訳

① もう1つの課題は, 工業プロセスの適応に関するものです. 現在, 食品加工産業の大部分は従来の農業からの製品に適応しています. 新しい原材料を食品に変えるには, より迅速に適応できる新しいプロセスを選択する必要があります.　　☐ TB　☐ B　☐ AB

　[　　　　　　　　　　　　　　　　　　　　　　　　　　　　　　]

② もう1つの課題は産業プロセスの適応です. 現在, 食品加工産業の多くは従来型農業の製品に合わせています. 新しい原材料を食品に変換するためには, より迅速に適応できる新しいプロセスを選択する必要があります.　　☐ TB　☐ B　☐ AB

　[　　　　　　　　　　　　　　　　　　　　　　　　　　　　　　]

(4)　Pour maîtriser la variabilité de ces matières premières, il sera nécessaire de collecter toutes les données possibles et de les exploiter *au mieux à partir de* modèles mathématiques et de simulation.

🌾 AI翻訳 事前確認　　[　]には日本語, (　)にはフランス語

語彙：au mieux　[　　　　　　　　]；à partir de ～　[　　　　　　].
文の構造：il sera nécessaire de collecter は非人称構文であり,
　　　　　il はあとに出てくる（　　　　　　　　　　　　）を指している.

🌾 AIの日本語訳

① これらの原材料の変動を制御するには, 可能な限りすべてのデータを収集し, 数学的およびシミュレーションモデルを使用してそれらを最大限に活用する必要があります.　☐ TB　☐ B　☐ AB

　[　　　　　　　　　　　　　　　　　　　　　　　　　　　　　　]

② これらの原材料の変動を制御するためには, 可能な限りすべてのデータを収集し, 数学的モデルやシミュレーションを駆使して最大限に活用する必要があります.　　☐ TB　☐ B　☐ AB

　[　　　　　　　　　　　　　　　　　　　　　　　　　　　　　　]

Le Programme et Équipements Prioritaires de Recherche (PEPR)

Le vendredi 6 janvier 2023, *le Programme et Équipements Prioritaires de Recherche (PEPR) sur l'agroécologie et le numérique a été lancé officiellement par les ministères en charge de la Recherche, de l'Agriculture, de la Transition Numérique et par le secrétariat général pour l'investissement, **en charge du** programme France 2030*. Ce nouveau PEPR doit permettre d'utiliser le numérique comme un levier stratégique pour accélérer la transition agroécologique des systèmes agricoles, *au profit des* agriculteurs comme des consommateurs, et de *faire face aux* enjeux de sécurité alimentaire, climatiques et environnementaux. La recherche et l'innovation ont un rôle fondamental *à jouer* dans la construction d'une agriculture numérique responsable, *au service du* développement de modes de production durables.

Ce PEPR *a été lancé* à la Cité des Sciences et de l'Industrie en présence de nombreux acteurs de la recherche, de l'innovation et des filières agricoles. Il *est doté de* 65 millions d'euros *sur 8 ans* et il *a pour ambition d'*accélérer la troisième révolution agricole, *fondée sur* le vivant et la connaissance.

AI 翻訳 事後確認　　　[　]には日本語，（　）にはフランス語

語彙：en charge de ～　[　　　　　　　　]；au profit de ～　[　　　　　　]；
　　　　faire face à ～　[　　　　　　　]；au service de ～　[　　　　　]；
　　　　être doté(e) de ～　[　　　　　　]；
　　　　avoir pour ambition de ～　[　　　　　　　]；fondé(e) sur ～　[　　　　　　].

文法：a été lancé は動詞（　　　　　　　　　）の受動態の複合過去形である；à jouer はその前にある名詞 un（　　　　　　　　　　）を修飾しており，[　　　　　　]という意味をあらわす；sur 8 ans の sur は範囲，期間をあらわし，[　　　　　　]という意味である．

文の構造：le Programme et Équipements Prioritaires de Recherche (PEPR) sur l'agroécologie et le numérique a été lancé officiellement par les ministères ～ を能動文に書き換えると，les ministères ～ ont lancé officiellement le PEPR ～となる．

 日本の環境省が発表した「サステナブルで健康な食生活の提案」の一部を
フランス語に訳して海外に発信したいと思います. 2種類の翻訳AIを使っ
て訳してみました. さて, 正しく翻訳されているでしょうか.

3 フランス語訳の完成:2種類のAIのフランス語訳を3段階で評価. ポストエディット
をする必要がある場合は, AI翻訳の問題があると思われる箇所にマーカーをひき問題
点を指摘, つぎに加筆修正. 最後にもう一度2つの翻訳を見て, 「AI翻訳に学ぶ」をやっ
て表現力, アップ.

(1) 有機農業をはじめとする環境保全型農業を拡大していくことは, 私たちの生活に身近な
場所の生物多様性の保全につながります. 有機食品などを生活の中に取り入れることで,
有機農業などに取り組む生産者や地域を応援することができます.

① L'expansion d'une agriculture respectueuse de l'environnement, y compris l'agriculture
biologique, conduira à la conservation de la biodiversité dans des lieux proches de nos
vies. En incorporant des aliments biologiques dans nos vies, nous pouvons soutenir les
producteurs et les régions travaillant sur l'agriculture biologique.　□ TB　□ B　□ AB

[　　　　　　　　　　　　　　　　　　　　　　　　　　　　　　　　　　　　]

② Développer l'agriculture respectueuse de l'environnement, y compris l'agriculture
biologique, contribuera à préserver la biodiversité dans des endroits proches de notre vie
quotidienne. En incorporant des aliments biologiques dans notre quotidien, nous pouvons
soutenir les producteurs et les régions qui s'engagent dans l'agriculture biologique.

□ TB　□ B　□ AB

[　　　　　　　　　　　　　　　　　　　　　　　　　　　　　　　　　　　　]

AI 翻訳に学ぶ　　なるほど, こうも言えるんだ!

「私たちの生活に身近な場所」
　　① des lieux proches de nos vies
　　② (　　　　　　　　　　　　　　　　　　　　　　　)
「有機農業などに取り組む生産者や地域」
　　① les producteurs et les régions travaillant sur l'agriculture biologique
　　② (　　　　　　　　　　　　　　　　　　　　　　　)

77

Leçon 8　Sécurité alimentaire

(2) 市民農園や家庭菜園などでの農業体験は，地産地消・旬産旬消の一つの形として，環境負荷を減らすことにつながる可能性があります．食の生産に携わることによって，食，環境，地域などに対する理解を深めることができ，意識や行動の変化につながるとされています．

① L'expérience agricole dans les fermes communautaires et les jardins familiaux peut conduire à une réduction de l'impact environnemental en tant que forme de production locale pour la consommation locale et de production saisonnière pour la consommation saisonnière. En étant impliqué dans la production alimentaire, vous pouvez approfondir votre compréhension de la nourriture, de l'environnement, de la région, etc., et on dit que cela entraînera des changements de conscience et de comportement. ☐ **TB** ☐ **B** **AB**

[   ]

② L'expérience de l'agriculture dans des jardins communautaires ou des potagers domestiques peut être une forme de consommation locale et saisonnière qui pourrait contribuer à réduire l'empreinte environnementale. En participant à la production alimentaire, on peut approfondir la compréhension de l'alimentation, de l'environnement et de la région, ce qui est considéré comme susceptible de conduire à des changements de conscience et de comportement. ☐ **TB** ☐ **B** **AB**

[   ]

AI翻訳に学ぶ　　なるほど，こうも言えるんだ！

「家庭菜園」	① jardins familiaux	② ( )
「環境負荷」	① l'impact environnemental	② ( )
「食の生産に携わる」	① ( )	
	② En participant à la production alimentaire	
「食に対する理解」	① ( )	
	② la compréhension de l'alimentation	

(3) 本来食べられるのに捨てられる食品ロスは日本で年間600万 t にのぼります．また，日本の食品ロスの約半分は家庭から出ています．食品ロスを削減することは，ゴミの削減と温室効果ガスの削減につながります．

① La quantité de déchets alimentaires normalement comestibles mais jetés s'élève à 6 millions de tonnes par an au Japon. Environ la moitié des pertes alimentaires au Japon proviennent des ménages. Réduire les pertes alimentaires signifie réduire les déchets et réduire les gaz à effet de serre. ☐ **TB** ☐ **B** **AB**

[   ]

② Les pertes alimentaires qui pourraient être consommées, mais sont jetées, atteignent 6 millions de tonnes par an au Japon. De plus, environ la moitié des pertes alimentaires au Japon proviennent des ménages. La réduction des pertes alimentaires contribue à la réduction des déchets et des émissions de gaz à effet de serre. ☐ **TB** ☐ **B** ☐ **AB**

[   ]

AI 翻訳に学ぶ　　なるほど，こうも言えるんだ！

「本来食べられる」　① normalement comestibles　　② (   )
「～にのぼる」　　　① s'élève à　　　　　　　　　　　② (   )

4　「(プレエディット)＋ AI 翻訳＋ポストエディット＋逆翻訳」を繰り返して，フランス語でスピーチしたりネットで発信したりするための原稿を作成，発表，提出．

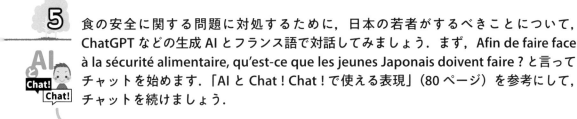

自分の考えを日本語で 300 字以上で書いて，それをフランス語に AI 翻訳します．その後，Pre-edit → Post-edit → Back-translation を繰り返し，フランス語の文章の完成度を上げます．

今回のお題は，「食の安全と日本の未来」．

5　食の安全に関する問題に対処するために，日本の若者がするべきことについて，ChatGPT などの生成 AI とフランス語で対話してみましょう．まず，Afin de faire face à la sécurité alimentaire, qu'est-ce que les jeunes Japonais doivent faire ? と言ってチャットを始めます．「AI と Chat！Chat！で使える表現」（80 ページ）を参考にして，チャットを続けましょう．

文法の復習　～文法を AI 翻訳に役立てよう！

この課では接続法を復習しましょう．この課の本文には登場しませんでしたが，従属節内（que ～）では接続法が使われることがあります．直説法と接続法のどちらを使うかは，従属節がどのような表現に導かれているかによって決められます．詳しくは 99 ページを見てください．

「AI と Chat! Chat!」で使える表現

　AI とチャットするときに使えそうな表現を集めてみました. ここにある表現を応用して AI とチャットしましょう. でも, AI と本格的にチャットする前に, ひとつ注意しなければならないことがあります. 私たちの質問に対する AI の回答は, 長くなる傾向があります. とてもおしゃべりです. そこで, AI とチャットする前に, まず AI につぎのようにお願いするのを忘れないでください.

- ●「この質問に手短に答えてください」

  Pouvez-vous répondre brièvement à cette question ?

このようにお願いしてもまだ長すぎる場合は, つぎのようにお願いします.

- ●「あなたの説明は長すぎます. 申し訳ないですが, もう少し短く答えてくれますか」

  Votre explication est trop longue. Je suis désolé(e), mais pouvez-vous répondre de manière plus concise ?

それでもまだ長すぎる場合は, たとえばつぎのようにお願いしてください.

- ●「あなたの説明を 100 語で要約してください」

  Pouvez-vous résumer votre explication en 100 mots ?

　さらにチャットするフランス語のレベルを指定することもできます. やさしい初級レベルのフランス語で答えて欲しいときには,

- ●「私の質問に『ヨーロッパ言語共通参照枠』（CEFR）の A2 レベルのフランス語で答えてください」

  Répondre à mes questions en français au niveau A2 du CEFR, s'il vous plaît.

　では, いよいよ AI とチャットしましょう. はじめは, 「Chat レベル 1」の表現を使って, チャットに慣れたら「Chat レベル 2」, 「Chat レベル 3」の表現も使ってみてください.

◎ Chat レベル 1
AI に質問をする・AI の意見をたずねる・説明をもとめる

● 「私の質問に答えてくれますか」

Vous pouvez répondre à *ma question (mes questions)* ?

● 「〜を**説明**してくれますか」

Vous pouvez expliquer *la différence entre les deux tableaux* ?

● 「あなたは〜をどう**説明**しますか」

Comment expliquez-vous *que les Japonais aiment beaucoup l'impressionnisme* ?

● 「〜は何ですか」

Ce truc noir, **qu'est-ce que c'est** ?

● 「〜は**何**ですか，どれくらいですか」: Quel (Quelle) est 〜 ; Quels (Quelles) sont 〜

Quel est *le sport le plus populaire en France* ?
Quelle est *la population de la France* ?

● 「〜は何と言う**名前**ですか」

Comment s'appelle *cette galette* ?

● 「〜を**知っ**ていますか」

Vous savez *quelle est la hauteur de la tour Eiffel* ?
Vous savez que *Léonard de Vinci a apporté La Joconde à Amboise* ?

● 「あなたは〜と**思います**か」: Vous pensez que ＋接続法 … ?

Pensez-vous qu'*il y ait plusieurs points communs* ?

● 「あなたは〜を**どう思います**か」

Que pensez-vous de *ce tableau* ? / **Comment trouvez-vous** *ce tableau* ?

● 「**なぜ**〜」

Pourquoi *Léonard de Vinci a-t-il apporté La Joconde à Amboise* ?
Pourquoi *il s'appelle comme ça* ?

AI の発言に反応する

● 「すみません，よく**わかりません**でした」

Excusez-moi, je n'ai pas bien compris.

● 「私は～について**もっと知りたい**のですが」

Je voudrais en savoir plus sur *ce roman.*

● 「私は～は**知りませんでした**」

Je ne savais pas que *le camembert était originaire de cette région.*

● 「～はどういう**意味**ですか」

Qu'est-ce que ça veut dire, « surnom » ?
« Surnom », qu'est-ce que ça veut dire ?

● 「もう少しわかりやすく**説明**してください」

Veuillez expliquer un peu plus clairement.

● 「もう少しやさしいことばで**説明**してください」

Veuillez expliquer avec des mots plus simples.

自分の考えなどを述べる

● 「私は～と**思う**」：Je crois (pense / trouve) que ～

Je trouve qu'*il y a plusieurs points communs.*

＊je crois と je pense は，ほぼ同じ意味．je trouve は，自分が実際に経験したこと，目の前でおこっていることに用いることが多い．

● 「私は～とは**思わない，信じない**」（ne pas croire que ＋接続法）

Je ne crois pas *ce que vous venez de dire.*
Je ne crois pas que *ce soit vrai (possible / utile / le cas).*

・**理由を述べる**

● 「なぜなら～だから」（Pourquoi ～ ？ という質問に答えて）

— *Pourquoi tu ne prends pas la choucroute ?*
— **Parce que** *la choucroute alsacienne est un plat trop lourd.*

●「〜なので」（常に主節の前で）

Comme *la choucroute alsacienne est un plat trop lourd, je préfère quelque chose de moins lourd.*

●「というのは」（前の文で述べたことの理由，根拠を述べる）

Je préfère quelque chose de moins lourd, **car** *la choucroute alsacienne est un plat trop lourd.*

●「〜のせいで」à cause de / en raison de

Notre avenir est en danger **à cause du** changement climatique.

◎ Chat レベル 2
AI に質問をする・AI の意見をたずねる・説明をもとめる

●「〜は**本当**ですか」

Est-ce vrai que *Léonard de Vinci a apporté La Joconde à Amboise* ?

●「〜について聞いたことがありますか」：Vous avez déjà entendu parler de … ?

Vous avez déjà entendu parler du « *bovarysme* » ?

●「〜と〜の**関係**は何ですか」

Quel est le rapport entre *Léonard de Vinci* et *Amboise* ?

●「〜の**特徴**は何ですか」

Par quoi se caractérise *la choucroute alsacienne* ?

●「あなたは〜に**賛成**ですか」

Vous êtes pour *la peine de mort* ?

●「あなたは〜に**反対**ですか」

Vous êtes contre *la peine de mort* ?

●「あなたはそれをどう思いますか」

Qu'en pensez-vous ? / **Quel est votre avis** ?

AI の発言に反応する

・どういうこと？

● 「～でどういうことを言いたいのですか」

Qu'est-ce que vous voulez dire par *là exactement* ?
Qu'est-ce que vous entendez par *ce mot* ?

● 「と言うと？」

— *Je trouve qu'il y a plusieurs points communs.*
— C'est-à-dire ?

● 「こういうことですか」

C'est-à-dire que le tableau de Poussin a inspiré Picasso. C'est ça ?

● 「それは何のことですか」

De quoi s'agit-il ? / De quoi parlez-vous ?

・知っている・知らない

● 「私は～は知っているのですが，～は知りません」

Je sais *que le film se passe à Deauville* mais je ne sais pas *qui l'a réalisé.*

● 「私はそれが何であるか**正確には知りません**」

Je ne sais pas exactement *ce que c'est.*

・疑う

● 「私は～かどうか疑問に思う」

Je me demande si *c'est vrai (possible / utile / le cas).*

● 「私は～を疑う」（douter que ＋接続法）

Je doute que *ce soit vrai (possible, utile, le cas).*

・肯定する・否定する

● 「はい，もちろん」

Mais oui! / Oui, bien sûr ! / Oui, évidemment ! / Oui, exactement !

● 「はい，そう思います」 Oui, je pense (crois) que oui.

● 「はい，おそらく」 Oui, peut-être.

●「いいえ，そうは思いません」Je crois que non. / Non, je ne pense pas.

・同意・承認する
●「そのとおり」C'est ça. / C'est vrai. / Exactement !

●「賛成です；私もそう思います」
Je suis d'accord. / Vous avez raison. / Je suis de votre avis. / Je suis pour.

●「おそらく；たぶん」Peut-être. / C'est possible. / Sans doute.

・同意・承認しない
●「そうではない；違います」
Ce n'est pas vrai. / Pas du tout ! / Absolument pas ! / Au contraire.

●「私はそうは思いません；私は反対です」
Je ne suis pas d'accord. / Vous avez tort. / Je ne suis pas de votre avis. / Je suis contre. / Je ne suis pas pour.
Je ne suis pas d'accord avec *ce que vous dites*.

●「ええ / いいえ / たぶん，でも〜」Oui / Non / Peut-être, mais …

●「そうとはかぎらない」
Pas vraiment (forcément). / Je n'en suis pas sûr. / Ce n'est pas sûr.

・同じこと・別のこと
a)「それは同じことだ」C'est pareil. / C'est la même chose.
b)「それは別のことだ」C'est différent. / C'est autre chose.

自分の考えなどを述べる

●「私の考えでは」
À mon avis (Pour moi), *il y a plusieurs points communs*.

●「私の**個人的な意見**ですが，私は〜と思う」:
C'est mon avis personnel mais je pense qu'*il y a plusieurs points communs*.

●「私は〜と思っていました」

Je croyais que *le baseball était le sport le plus populaire au monde.*

●「私には〜のような気がする」

J'ai l'impression qu'*il y a plusieurs points communs.*

●「私は〜に興味があります」: je m'intéresse à 〜

Je m'intéresse *beaucoup* **aux** *villages d'Alsace.*

●「〜が重要である」（il est important de ＋不定詞 / que ＋接続法）

Il est important de *noter que ce n'est pas la même chose.*

●「〜かもしれない」（il est possible que ＋接続法）

Il est possible que *ce ne soit pas la même chose.*

●「〜と言える」

On peut dire que *c'est un roman d'amour.*

●「〜と言われている；〜だそうです」

On dit que *le tableau de Poussin a inspiré Picasso.*
Il paraît que *le tableau de Poussin a inspiré Picasso.*

●「〜によれば」

D'après (Selon) *lui, le tableau de Poussin a inspiré Picasso.*

●「一般的に」

En général, *on utilise « tu » avec le prénom.*

●「特に；なかでも」en particulier / notamment / entre autres

La cathédrale Notre-Dame de Rouen, **en particulier,** *est réputée pour sa beauté.*

・**自分の述べたことの言い換え，明確化**

●「すなわち；つまり」c'est-à-dire

La hauteur de ces édifices symbolise l'élan vers le ciel, **c'est-à-dire** *vers Dieu.*

●「つまり〜ということです」

「AIとChat！Chat！」で使える表現

C'est-à-dire que *le tableau de Poussin a inspiré Picasso.*

● 「それは〜ということです」

Cela signifie que *le tableau de Poussin a inspiré Picasso.*

● 「〜が問題になっている；〜に関することである」il s'agit de 〜

Il s'agit du *rapport entre le tableau de Picasso et celui de Poussin.*

● 「言い換えると；別の言葉で言うと」

En d'autres termes (Autrement dit), *le tableau de Poussin a inspiré Picasso.*

● 「もっと正確には」

Plus précisément, *le tableau de Poussin a inspiré Picasso.*

● 「具体的には」

Concrètement *cela signifie que le tableau de Poussin a inspiré Picasso.*

● 「たとえば」par exemple

● 「要するに；ひとことで言えば」en bref / en somme / en un mot / en résumé

● 「大雑把に言うと」grosso modo

◎ Chat レベル 3
AI の発言に反応する

● 「例を挙げて具体的に説明してください」

Veuillez donner des exemples concrets pour expliquer.

● 「あなたの考えが間違っている可能性はありませんか」

Est-il possible que votre idée soit erronée ?

● 「あなたの考えは，信頼できるデータに基づいていますか」

Votre opinion est-elle basée sur des données fiables ?

● 「あなたはどのようなデータに基づいてそのように考えるのですか」

Sur quelles données basez-vous votre opinion ?

●「あなたがそのように考える根拠を教えてください」

Veuillez expliquer les bases de votre raisonnement.

自分の考えなどを述べる

●「ある意味で，〜と言える」

Dans un sens, on peut dire que *c'est un roman d'amour*.

●「〜の意味で，〜と言える」

Au sens *large*, on peut dire que c'est un roman d'amour.
「（単語の）狭い / 広い意味で」au sens étroit / large (du mot)
「（単語の）本来の / 比喩的な意味で」au sens propre / figuré (du mot)
「（単語の）具体的な / 抽象的な意味で」au sens concret / abstrait (du mot)

●「〜は確かだ」　C'est certain (sûr) que

●「〜を確信している」Je suis certain, e (sûr, e) que

●「〜と想像してみましょう」（imaginer que ＋接続法）

Imaginons que *le tableau de Poussin ait inspiré Picasso.*

●「〜と想像してみてください」（imaginer que ＋接続法）

Imaginez que *le tableau de Poussin ait inspiré Picasso.*

●「私は〜を想像できません」（imaginer que ＋接続法）

Je ne peux pas imaginer un repas sans fromage.
Je ne peux pas imaginer que je puisse vieillir.

●「〜と仮定してみましょう」（supposer que ＋接続法）

Supposons un triangle ABC.
Supposons que nous ayons un accident.

●「〜と仮定してください」（supposer que ＋接続法）

Supposez que vous ayez un accident.

●「（特定の人，物について）私は〜と思う」

Moi, je le (la / les) trouve ＋形容詞
Moi, je le (la / les) trouve *magnifique.*

●「（出来事，内容について）私は〜と思う」

Moi, je trouve ça ＋形容詞
Moi, je trouve ça *magnifique.*

● 評価・判断の形容詞

・すばらしい　magnifique / formidable / très bien
・悪くない，興味深い　pas mal / intéressant
・良くも悪くもない，平凡な　ni bon ni mauvais / banal
・よくない，ひどい　mauvais / affreux

論理的に述べる

(1) 論拠を示す

● 「〜が〜を示している；明らかにしている

Les données **indiquent (montrent) que** *votre opinion est erronée.*

(2) 比較する

● 「〜と〜を比較する」

Si on **compare** *le tableau de Matisse* **avec** *celui de Picasso, celui de Matisse se caractérise par des couleurs vives.*

● 「〜と比べて」 **par rapport à**

Le tableau de Matisse se caractérise par des couleurs vives **par rapport à** *celui de Picasso.*

(3) 順序立てて述べる

● 「最初に」(tout) d'abord「次に」et puis / ensuite「最後に」enfin / finalement「一番目に」premièrement「二番目に」deuxièmement「三番目に」troisièmement

(4) 別の論拠を示す

● 「そのうえ」

Je ne connais pas les autres. **En plus (En outre),** *je ne savais pas que le camembert était originaire de cette région.*

● 「だいいち；そもそも」（別の観点からさらに強い論拠を加える）

Il est possible que votre opinion soit erronée. **D'ailleurs,** *elle n'est pas basée sur des données fiables.*

(5) 結果・結論を導く

●「それで；だから」（前に述べたことから当然導き出せる結論を述べる）

donc / alors / ainsi / par conséquent / c'est pourquoi

Le département s'appelle les Alpes- Maritimes, nous sommes **donc** entre la mer et la montagne.

Les données sont fiables. **Alors** *(*Ainsi **/ Par conséquent)**, *je conclus que mon idée est correcte.*

Il est possible que notre idée soit erronée, **c'est pourquoi** *il est important de bien examiner si les données sont fiables.*

●「結局」：finalement / en fin de compte

●「いずれにしても；とにかく」 de toute façon　en tout cas

Ce n'est que dans les années 60 que la production du Riesling a supplanté celle des autres vins alsaciens. C'est, **en tout cas,** aujourd'hui le plus réputé.

(6) 順接的に展開する

●「それなら；その場合には」（相手の発言を受けて） alors / dans ce cas

— *Je ne sais pas exactement ce que c'est.*
— **Alors**, *je vais vous expliquer.*

(7) 対立・逆接的に展開する

On peut dire que *cette cathédrale* date du XIe siècle **mais** *sa construction s'est étalée sur plusieurs siècles.*

C'est mon avis personnel mais je pense que *les Japonais apprécient beaucoup ce qui semble éphémère.*

Je sais *que le film se passe à Deauville* **mais je ne sais pas** *qui l'a réalisé.*

●「逆に」

Le tableau de Matisse se caractérise par des couleurs vives. **Au contraire (Par contre / En revanche),** *celui de Picasso se caractérise par la forme des personnages.*

●「～に反して」 contrairement à

Contrairement au *tableau de Matisse qui se caractérise par des couleurs vives, celui de Picasso se caractérise par la forme des personnages.*

●「～であるのに」 alors que ～ / tandis que ～

Le tableau de Picasso se caractérise par la forme des personnages **alors que** *celui de Matisse se caractérise par des couleurs vives.*

● 「実際には；事実は」

En fait (Au fond / En réalité), *il est possible que votre idée soit erronée.*

● 「一方では～，他方では～」

D'un côté, *la hauteur du bâtiment symbolise l'élan vers Dieu et,* **de l'autre**, *l'asymétrie de sa façade représente l'imperfection de l'homme.*

(8) 論述の対象を限定する，明確にする

● 「～に関して；対して」

À l'égard de (Concernant) *votre opinion, il est possible qu'elle ne soit pas basée sur des données fiables.*

● 「～に関する」relatif(ve) à

Il est possible que votre opinion **relative au** *changement climatique soit erronée.*

● 「～の面で」

L'Alsace est aujourd'hui l'une des plus riches régions françaises **sur le plan** *économique.*
Au niveau de *l'économie locale, l'Alsace est l'une des plus riches régions françaises.*

● 「～の枠内（範囲）で」

Comment utiliser ChatGPT **dans le cadre de** *l'éducation* ?

● 「～の観点から」

D'un point de vue *économique, l'Alsace est l'une des plus riches régions françaises.*

チャットが終わったら，生成 AI さんにお礼を言いましょう.

● 「とても勉強になりました．有難うございます」

J'ai beaucoup appris. Je vous remercie beaucoup.

あなたのお礼にたいして，AI さんはどのように応じてくれるでしょうか. 楽しみですね.

文法の復習
文法を AI 翻訳，AI とのチャットに役立てよう

Leçon 1

現在分詞の 3 つの用法

　現在分詞は，直説法現在 nous の活用語尾 ons を取り，ant をつけて作る．たとえば，aimer の現在分詞は，nous aimons → aim → aimant となる．

1. 形容詞的用法

　1) 形容詞と同じように名詞を修飾する用法　（qui で導かれる関係節と同じ価値を持つ）：

Au rez-de-chaussée, il y une terrasse **donnant** (= qui donne) sur la mer.

　一階に，海に面しているテラスがある．

les mesures d'adaptation **visant** (= qui visent) à éviter ou réduire les dommages causés par le changement climatique

　気候変動の影響による被害を回避・軽減する適応策

l'ensemble des États l'ayant ratifié (= qui l'ont ratifié) en 2016

　2016 年にそれを批准したすべての国

　2) 属詞（補語）としての用法：

J'ai vu une boule lumineuse **traversant** le ciel.

　私は，光る玉が空を横切っているのを見た．

2. ジェロンディフ

　ジェロンディフ「en ＋現在分詞」は，動詞に副詞的にかかり，基本的には同時進行する行為「〜しながら」（同時性）を表すが，手段，条件，原因，対立，譲歩なども表す．

J'apprends le français **en discutant** avec ChatGPT.

　私は，ChatGPT とチャットしながらフランス語を学んでいる．

L'accord de Paris est un traité international qui engage l'ensemble des États l'ayant ratifié en 2016, tout **en s'adaptant** à leurs ambitions et à leurs capacités en matière de climat.

　パリ協定は，各国の気候に関する野心と能力に（協定を）適応させることによって，2016 年にそれを批准したすべての国々に責任を負わせる国際条約である．

　*同時性，手段，条件，原因，譲歩などの意味を強調するために tout を「en ＋現在分詞」の前に置くことがある．ジェロンディフの主語は主節の主語．

3. 分詞構文

　分詞構文では，現在分詞は主語に同格的にかかり，文脈によって様々な意味になる．分詞構文は，

書き言葉で用い，日常会話ではジェロンディフを用いる．

Les émissions de CO_2 continuent d'augmenter, **provoquant** des inondations catastrophiques.

> 二酸化炭素の排出は，増え続けて，大規模な洪水を引き起こしている．

Leçon 2

直説法単純未来

単純未来形の語尾は，« -rai, -ras, -ra, -rons, -rez, -ront »（nous，vous を除いて，r + avoir の活用語尾）．語幹は，一般的には不定詞（動詞の原形）から作る．

chanter

je chante*rai*	tu chante*ras*	il chante*ra*
nous chante*rons*	vous chante*rez*	ils chante*ront*

例外： être → je *serai*，avoir → j'*aurai*，aller → j'*irai*，venir → je *viendrai*，faire → je *ferai*，pouvoir → je *pourrai*，savoir → je *saurai*，voir → je *verrai*，devoir → je *devrai*，falloir → il *faudra*

用法

1) 未来の行為・状態をあらわす

Je **partirai** pour la France dans huit jours.

> 私は 1 週間後に（その日から数えて 8 日目に）フランスに出発する．

Certaines parties de Kyushu ne **fleuriront** pas du tout et d'autres zones ne **seront** pas en pleine floraison.

> 九州の一部では全く開花しなかったり，他の地域でも満開にならないだろう．

「Si ＋直説法現在，直説法単純未来」で，未来の仮定をあらわす

S'il fait beau demain, nous **irons** à la mer.

> 明日天気がよければ，海に行こう．

2) 依頼や軽い命令をあらわす

Tu **finiras** ce livre pour demain.

> 明日までにこの本を読み終えてね．

Vous **viendrez** chez moi vers 20h.

> 20 時ごろ私の家に来てください．

直説法前未来

助動詞（avoir または être）の単純未来＋過去分詞

用法

1) 未来のある時点までに完了している出来事をあらわす

Le train **sera** déjà **parti** quand vous arriverez à la gare.

あなたが駅に着くときには，電車はすでに出発してしまっているだろう．

Leçon 3

中性代名詞 le の2つの用法

中性代名詞 le は，性・数にかかわりなく，不定詞（句）や節の代わりとなる代名詞．（助）動詞の直前に位置することに注意が必要．

1. 直接目的語として用いられる不定詞（句）や節に代わる用法

1) 不定詞（句）の代わりとなる例

Il voulait quitter Alice, mais il ne pouvait pas **quitter Alice**.
→ Il voulait quitter Alice, mais il ne **le** pouvait pas.

彼はアリスと別れたいと思っていたが，彼には**そうすることが**できなかった．
（quitter Alice ＝ 動詞 pouvoir の直接目的語となる不定詞句）

2) 節の代わりとなる例

À qui est cette voiture ? — Je ne **le** sais pas.

この車はだれのですか？―**それは**私には分かりかねます．
（À qui est cette voiture ＝ 動詞 savoir の直接目的語となる節）

Comme tu me l'as dit, **ce film est très intéressant**.

君が言ったように，この映画はすごくおもしろいよ．
（ce film est très intéressant ＝ 動詞 dire の直接目的語となる節）

2. 補語（属詞）として用いられる形容詞・分詞・名詞に代わる用法

1) 形容詞の代わりとなる例

Elles ont été méchantes, mais elles ne sont plus **méchantes**.
→ Elles ont été méchantes, mais elles ne **le** sont plus.

彼女たちは意地悪だったが，今はもう**そう**ではない．
（méchantes ＝ 補語となっている形容詞）

2) 分詞の代わりとなる例

Lorsque mon petit frère et moi rentrions tard, j'étais **grondé** par mes parents mais il ne l'était pas du tout.

弟と私が遅く帰ると，私は両親から叱られたのに，弟はまったく**叱られ**ないのだった．
（grondé ＝ 補語となっている過去分詞）

3) 名詞の代わりとなる例

Alice était sa fiancée, mais elle n'est plus **sa fiancée**.
→ Alice était sa fiancée, mais elle **l**'est plus.

アリスは彼のフィアンセだったが，もう今は**そう**ではなくなっている．

(sa fiancée ＝ 補語となっている名詞)

Leçon 4

1. 受動態

受動態は，[être ＋ 他動詞の過去分詞（＋ par (de) ＋動作主)] の形を取る．

・他動詞の過去分詞は主語に性・数一致する

Jean invite Sophie. → Sophie *est invitée* par Jean.
Jean invite Mme et M. Dubois. → Mme et M. Dubois *sont invités* par Jean.

・否定文：Ils **ne** sont **pas** invités par Jean.

受動態の時制は，être の時制を変化させることで表す．

Hier, il *a été* invité par Jean.（複合過去）　　昨日，彼はジャンに招かれた．
・否定文は Il **n'a pas** été invité par Paul.　　彼はポールには招かれなかった．

Il *était* souvent **invité par** Jean.（半過去）　　彼はよくジャンに招かれていた．
Demain, il *sera* **invité par** Jean.（単純未来）　　明日，彼はジャンに招かれるだろう．

動作主の導入

1) 受動態の動作主を導くのは，一般的には前置詞 par である．

Le téléphone **a été inventé par** Bell.

電話はベルによって発明された．

Les forêts **sont** délibérément **détruites par** ce processus.

森はこのプロセスによって故意に破壊されている．

2) 感情など，状態を表すときは一般的に de が用いられる．

Cette actrice **est aimée de** tous.

この女優はみんなに好かれている．

Environ 70% de la superficie terrestre du Japon **est couverte de** forêts.

日本の約 70% の地表が森に覆われている．

3) 一般的な人が動作主となる場合，動作主を述べる必要のない場合は，省略される．

On m'a vacciné hier. → J'**ai été vacciné** hier.

私は昨日ワクチンを受けた．

Ce monument **a été construit** en 1944.

このモニュメントは 1944 年に建てられた.

2. 受動的な意味を表す文

次のような表現を含む文も受動的な解釈が可能である.

・代名動詞の受動的用法

La perte de surface forestière se distingue de la dégradation forestière.

森林面積の減少は森林劣化とは区別される.

Ce vin se boit frais.

このワインは冷やして飲まれる.

・主語代名詞 on（一般的な人，誰かを表す）を用いた文

On m'a vacciné hier.

私は昨日ワクチンを受けた.

On sait que le prix du bois domestique est élevé.

国産の木材は高価であるということが知られている.

Leçon 5

条件法現在

条件法現在は，直説法単純未来の語幹に「r」と直説法半過去の活用語尾をつけて作る.

avoir

j'	au**rais**	tu	au**rais**	il (elle)	au**rait**
nous	au**rions**	vous	au**riez**	ils (elles)	au**raient**

3つの用法

1. 現在・未来の事柄に関する断定を避けて語調を和らげる用法

条件法を用いると語調が和らぎ，控えめで丁寧な表現になる．放送や新聞では断定を避けるために条件法がよく使われている．その場合は「推測」や「伝聞」を表現する.

1) 語調を和らげる用法：

On ne pourrait plus se passer de la climatisation en été.

もう夏に冷房なしではやっていけないのではないだろうか.

Pourriez-vous m'aider ?

手伝っていただけますか？

2) 推測，伝聞を表す用法：

Le Parlement européen se déchirerait sur la loi pour sauver la biodiversité.

欧州議会は，生物多様性保全法をめぐって決裂するようだ.

Le Premier Ministre du Canadien **visiterait** le Temple d'or à Kyoto.

    カナダの首相は京都で金閣寺を訪れる模様だ.

2. 現在・未来の事実に反する仮定の結果を表す

    条件節で直説法半過去を，結果節で条件法現在を用いると「もし〜だったら，…だろうに」という意味になる．現実の事実に反する仮定の結果をあらわし，英語でいう仮定法過去の文になる.

    Si j'étais riche, je t'**achèterais** un château.

    お金持ちだったら，君にお城をひとつ買ってあげるのに.

3. 過去における未来

    主節の動詞が現在形から過去形に変わると，従属節中の単純未来は条件法現在になる（時制の一致）.

    Ken m'a dit qu'il **irait** étudier en France.

    健は私にフランスへ留学に行くだろうと言った.

Leçon 6

過去分詞の形容詞的用法：受動的意味「〜された」「〜されている」

過去分詞の2つの形容詞的用法

1. 名詞を直接修飾する用法

    Dans les zones urbaines, le gaz naturel **utilisé** est principalement composé de méthane.
    都市部で使用されている天然ガスは主にメタンで構成されている.

2. 属詞（補語）としての用法

    Mon portefeuille est **perdu**.
    私の財布がなくなった.

    過去分詞の形容詞的用法は，その名前が示しているように本来の形容詞の用法と同じく性・数が変化する.

・名詞を直接修飾する用法

    →   過去分詞は修飾する名詞の性・数に一致する.

    L'entreprise utilise **une technologie appelée** méthanation pour synthétiser du méthane renouvelable.
    その企業はメタネーションと呼ばれる技術を用いて再生可能なメタンを合成する.

    Les fleurs offertes par mon ami sont magnifiques.
    友人から送られた花は素晴らしい.

・属詞（補語）としての用法

→ 過去分詞は主語の性・数に一致する.

La fenêtre de ma chambre est **cassée**.

　私の部屋の窓は壊れている.

Leçon 7

接続詞・接続語

　初級文法を終えて，オーセンティックな文章を読むようになると，一文が数行に渡るものをよく見かけるようになる．文が長くなる要因の一つは，接続詞や接続語である．これらは，前後の文・節・句・語をつないでその関係を示す．つながれているもの同士が近くにあれば統語関係を理解することは容易だが，一文が長いと特に語句が結ばれている場合は何と何がつながれているのかを理解することが困難となる．統語関係を正しく理解するには，接続詞や接続語の後ろの語句に注目することが必須である.

1. 語の接続

　grâce à l'amélioration de l'efficacité énergétique et environnementale des procédés.

　接続詞・接続語によって語が接続される場合，必ず同じ品詞同士が接続される．この例の場合，énergétique と environnementale が接続されている．接続詞 et の後ろにある語は形容詞 environnemental の女性形である．et のすぐ前に énergétique という形容詞があり，これらが名詞 efficacité を修飾している.

2. 句の接続

　Expliquer l'empreinte carbone aux entreprises et aux consommateurs permet de communiquer la valeur environnementale et d'encourager la sélection de produits respectueux de l'environnement.

　句が接続される場合，同じ句構造のものが接続されることが多い．この例の場合，いずれも et の後は前置詞で，前置詞句を結んでいる．最初の et は aux entreprise と aux consommateurs を結ぶ．2つ目の et は de comumuniquer... と d'encourager... を結んでおり，それぞれ動詞 permet (permettre) の目的語の役割をする.

　いくつかよく見られる接続詞・接続語をまとめる.

・並列：et, ou, ou bien, de plus, en outre

・対立・譲歩：mais, cependant, toutefois, pourtant, malgré, tandis que, alors que

・原因・理由：ainsi, car, comme, parce que, puisque, en raison de, à la suite de

・結果：alors, ainsi, donc, par conséquent, de ce fait, c'est pour ça que, de sorte que

・目的：afin de, en vue de, afin que, pour que

・言換：c'est-à-dire, autrement dit, à savoir

接続法

1. 接続法現在

接続法現在は，直説法現在3人称複数の語幹に，活用語尾 (je -e / tu -es / il -e / nous -ions / vous -iez / ils -ent) をつけて作るのが基本である.

finir (il **finiss**ent)

je	finiss**e**	tu	finiss**es**	il (elle)	finiss**e**
nous	finiss**ions**	vous	finiss**iez**	ils (elles)	finiss**ent**

（例外：avoir, être, aller, savoir, pouvoir, faire, vouloir, valoir, falloir など）

次のようなときに接続法を用いる.

1) 主節が願望，必要性，可能性，疑惑，心配，感情などをあらわすとき

Il est nécessaire que tout le monde **prenne** des mesures pour résoudre les problèmes de sécurité alimentaire.

食の安全に関する問題を解決するためにはみんなが行動を起こす必要がある.

Je ne crois pas que la sécurité alimentaire **soit** impossible à réaliser.

私は食の安全が実現不可能であるとは思わない.

＊考えをあらわす動詞（penser, croire など）が否定，疑問におかれると，接続法を用いる.

2) 接続詞句や前置詞句が目的，譲歩，条件などをあらわすとき

Le professeur donne des cours spéciaux pour que le public **comprenne** mieux l'agriculture durable.

一般の人々が持続可能な農業についてよりよく理解できるように，その先生は特別授業を行っている.

Bien que ce ne **soit** pas facile, il est important que nous **fassions** des efforts pour réduire des pertes alimentaires.

簡単なことではないが，食品ロスを減らすための努力を行うことが重要である.

2. 接続法過去

主節に対して「完了した事柄」を従属節内で表現したいときには，接続法過去を用いる. 接続法過去は，être または avoir の接続法現在と過去分詞を組み合わせて作る.

Nous sommes très contents que notre société **ait réussi** les expériences sur l'agriculture biologique.

我々の会社が有機農業に関する実験に成功したことをとても喜んでいる.

文法の復習

私たちの未来が危ない−グレタにつづけ

翻訳 AI・生成 AI を使いこなそう

2024 年 2 月 1 日　初版 1 刷発行

編著者	大　木　　　充
	安　藤　博　文
	石　丸　久美子
	杉　山　香　織
	高　橋　克　欣
	長谷川　晶　子
	堀　　　晋　也
	柳　　　光　子
	Jean-François Graziani
印刷・製本	株式会社 フォレスト
発行	株式会社 駿河台出版社
	〒 101-0062 東京都千代田区神田駿河台 3-7
	TEL 03-3291-1676 / FAX 03-3291-1675
	http://www.e-surugadai.com
発行人	上野 名保子

ISBN　978-4-411-01355-2　C1085